손으로 그려 봐야
세계 지리를 잘 알지

우리 소개를 하지.

우리는 이 책을 쓴 **구혜경**, **정은주** 작가란다. 어린이 책을 읽고 기획하다가 서로 알게 되었어.
그런데 얘기를 나눠 보니 둘이 엄청 비슷한 거야. 아이가 둘인 것도 비슷하고, 세상 보는 눈도 비슷하고,
여행을 무척 좋아하는 것까지 같더라고.
나, 구혜경은 방송 작가 일을 했고, 탄자니아에서 아이들과 살았던 적도 있어. 그때의 이야기가 《아프리카
초원학교》라는 책에 담겨 있지. 나, 정은주는 대학에서 문예 창작을 공부하고, 아이들을 가르치며
《기차 타고 부산에서 런던까지》, 《신통방통 수원 화성》, 《GO GO 카카오프렌즈 MAPS》 등을 썼어.
우리는 《손으로 그려 봐야 우리 땅을 잘 알지》, 《우리나라 도시 지도책》도 같이 썼어. 앞으로도 어린이를
위한 책을 쓸 생각이야. 어린 친구들이 진짜 좋아하는 책을 쓰고 싶어. 열심히 노력할게. ^^

나는 이 책의 그림을 그린 **김효진**이라고 해. 영국에서 공부했고 어린이 책에 그림 그리는 일을 하고 있어.
짧은 이야기들을 지어서 모으는 일을 열심히 하기도 해. 이 책에 그림을 그리면서 혼자 세계 여러 도시를
여행해 본 경험이 도움이 되었어. 한 번도 가 본 적이 없는 곳을 그릴 때는 어려움을 겪기도 했어.
아프리카의 햇빛이나 바람을 상상하는 일은 특히 어려웠지. 하지만 상상하는 일은 언제나 즐거워. 언젠가는
아프리카에도 꼭 가 볼 거야. 너희도 이 책을 보면서 더 넓은 세상을 상상하고 꿈꾸게 되었으면 좋겠어.
그림을 그린 책으로 《손으로 그려 봐야 우리 땅을 잘 알지》, 《톨스토이 할아버지네 헌책방》, 《몇 호에
사세요?》, 《마음아, 작아지지 마》, 《평화를 꿈꾸는 곳 유엔으로 가자》, 《나랑 화장실 갈 사람?》, 《창의력이
빵! 터지는 즐거운 미술 감상》 등이 있어. 앞으로도 좋은 그림책으로 만나기를 바랄게.

추천 류재명
경상남도 합천군에 있는 작은 시골 마을에서 태어나 오락이나 게임보다 공부하기를 좋아하여 서울대학교
지리교육과 교수가 되었습니다. 성적을 올리는 일보다 꿈을 키우는 일에 열중하라고 주장하는 '꿈의
교육론자'로 활동하고 있습니다. 쓴 책으로 《종이 한 장의 마법 지도》가 있습니다.

손으로 그려 봐야 세계 지리를 잘 알지

그리며 배우는 지구촌 구석구석

구혜경, 정은주 글 | 김효진 그림

www.totobook.com

작가의 말

두 작가가 어린 친구들에게

우리가 함께 쓴 첫 책 《손으로 그려 봐야 우리 땅을 잘 알지》가 나온 지 몇 해가 지났어.
그동안 잘 지냈니?

우리 둘은 어린 시절 추억이 비슷해. 은주 아줌마가 어릴 때부터 지금까지 삼십 년 넘게
살아온 서울의 한 동네는 비행기를 자주 볼 수 있는 곳이야. 학교 다닐 때 책상에 앉아
창문을 통해 멀리 날아가는 비행기들을 보면서 늘 새로운 곳을 동경했었지. 다른 나라에는
어떤 산과 강이 펼쳐져 있을까? 사람들은 어떤 모습으로 살고 있을까? 모두 궁금했어.
책을 보고 여행을 하면서 이러한 호기심을 차근차근 채울 수 있었단다.
혜경 아줌마가 살던 곳은 기차가 지나가는 시골이었어. 기차가 지날 때쯤이면 창문에 매달려
저 기차가 어디로 가는지 궁금해 했지. 아련히 사라지는 기차를 바라보며 함께 어디론가
떠나고 싶다는 생각을 했던 것 같아. 세상에 대한 호기심도 이때부터 시작되었지.

얘들아, 이 책에 나오는 지도들을 펼쳐 봐. 넓은 바다와 거대한 산맥들, 여러 나라와 낯선 도시의 이름을 보면서 꿈꾸듯 상상 속으로 빠져들어 봐. 이 지구, 이 세계에 숨어 있는 많은 이야기는 너희들의 반짝반짝 빛나는 작은 호기심에서부터 시작한단다.
우리 두 아줌마 작가는 너희들이 이 책을 통해 세계 지도를 눈으로, 손으로 익히면서 쏜이 고모, 희원, 윤재, 진이와 함께 세계를 머리와 가슴으로 배웠으면 해.
그럼, 언제나 세상을 향해 꿈틀거리는 너희들의 멋진 꿈을 응원할게.

이 책의 출판을 위해 아낌없이 노력해 주신 편집자 님과 그림 작가 님, 디자이너 님, 토토북 출판사에 깊이 감사드립니다.

온 세계를 온몸으로 다 보고 느끼고 배우고 싶은 두 작가가.

차례

- 4 — 작가의 말
- 8 — 이 책을 읽는 법
- 10 — 등장인물 소개
- 12 — 고모와 겨울 방학을 맞이하다

지구 공의 특별한 이야기

- 20 — 세계를 한눈에 보여 줄게
- 26 — 세계 지도에 있는 선들은 뭘까?
- 32 — 지구는 카멜레온 같아
- 38 — 지구 공은 움직이지

세계 지도를 그려 볼까?

- 46 — 영원한 중심을 꿈꾸는 **중국**
- 56 — 열도 **일본**을 들여다보자
- 66 — 원주민의 땅에서 이주민의 나라로 **미국**
- 76 — 시베리아 횡단 열차 타고 붉은 광장으로 **러시아**

- 88 ········ 적도에서 히말라야까지 **동남 및 남부 아시아**
- 98 ········ 평화를 위한 다짐 **서남아시아와 북부 아프리카**
- 108 ········ 뜨겁고 검고 빛나는 **중남부 아프리카**
- 118 ········ 유로의 씨앗이 되다 **서부 유럽**
- 128 ········ 롱십을 타고 흑해까지 가 보자 **동부 및 북유럽**
- 138 ········ 지중해의 하얀 올리브 꽃들 **남부 유럽**
- 150 ········ 희망과 자유가 꽃 피다 **북아메리카**
- 160 ········ 숨겨진 문명의 숲 **남아메리카**
- 170 ········ 남반구의 빛나는 보석 **오세아니아**
- 180 ········ 세상에서 가장 뜨거운 얼음 **극지방**
- 190 ········ 세계 지리와 친해지는 법

부록 지구촌을 좀 더 들여다보자

- 192 ········ 어느 나라를 여행하고 싶니? **세계의 박물관과 축제**
- 194 ········ 지구촌에는 이런 약속들이 있어 **국제기구와 연합**

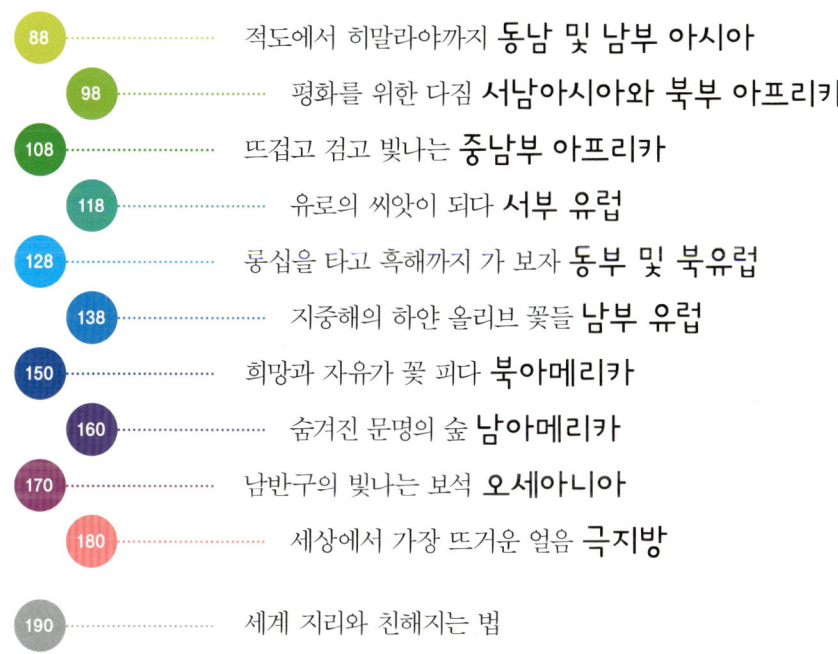

이 책을 읽는 법

첫째

고모가 들려주는 세계 지도와 지구촌 구석구석
이야기를 재미있게 읽어요. 진짜로 여행을 갔다고
생각하면서 읽어 보아요. 특별히 궁금한 나라가
나오면 관련된 책을 더 찾아서 읽어도 좋아요.

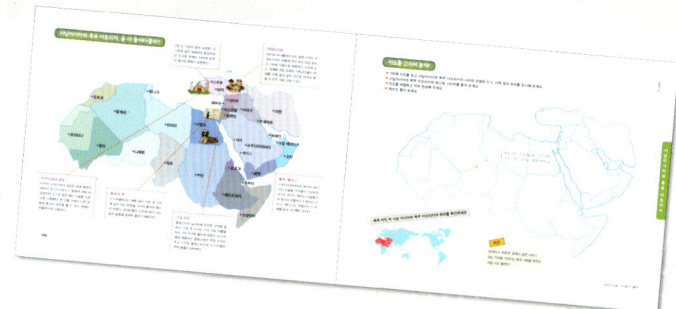

둘째

지도를 그리는 페이지가 나오면 연필과 지우개,
색연필을 준비해요. 점선을 따라 지도를 그리고,
색칠하고, 이름을 써요.

넷째

지도 위 각 명소에 부록으로 들어 있는
스티커를 붙여요. 위치를 다시 한번 확인하며
꾹꾹 눌러 붙여요.

셋째

책을 읽다 보면 지도 위에 투명한 종이가 있는 페이지를 만날 거예요. 그 위에 연필로 지도를 따라 그려요. 조심스럽게 다루면 여러 번 그렸다 지웠다를 반복해도 찢어지지 않아요.

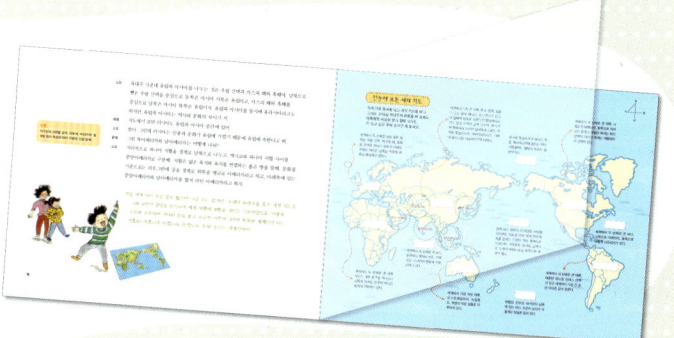

다섯째

별책 부록을 활용해 한 번 더 지도를 꾸며요. 나만의 지도책을 만들 수 있어요.

여섯째

책에서 접한 세계 여러 나라 가운데 어디를 직접 가고 싶은지 곰곰 생각해 보세요. 여행을 다니는 자신의 모습도 상상해 보아요. 그리고 나중에 꼭 가 보세요.

※ 이 책에 실린 지도 위에 위의 ■는 나라 이름, ★는 수도 이름을 나타냅니다.

등장인물 소개

강순(쑨이 고모)

안녕! 카리스마 넘치는 사자 머리를 한 나는, 희원이와 윤재의 하나밖에 없는 고모야. 중학교에서 사회를 가르치지. 여행 다니는 것을 무척 좋아해서 방학마다 세계 이곳저곳을 다니며 보고 듣고 배우는 일이 가장 큰 행복이야. 여행을 준비할 때면 가슴이 두근거려. 여행을 하면서 뜻밖에 일어나는 일들은 또 얼마나 재미있는지 몰라. 내 나이가 몇 살이냐고? 묻지를 말아 줘. 해리 포터도, 명탐정 셜록 홈스도 모르는 일급비밀이니까. 지금도 여행으로 꾸준히 자라고 있는, 깜찍하고 가끔은 징그러운 짓도 서슴지 않는 마음만은 18세 소녀라고.

강희원

나 기억나니? 어느새 중학교 1학년이 되었어. 여행을 좋아하는 할아버지와 고모의 끼를 듬뿍 물려 받았는지 늘 돌아다니고 싶어서 몸이 근질거려. 여행을 갈 수 없을 때는 책과 사진을 통해 그곳에 가 있다는 상상 속에 빠져 허우적대기도 해. 그 모습을 보면 동생 윤재는 쑨이 고모의 쌍둥이 동생이라고 불러. 뭐, 어때. 상상은 멋진 거야. 지금도 내 방이 바다라고 상상하고 있는걸. '악, 상어 떼가 몰려온다. 빨리 도망가야지. 헉헉. 나를 구해 주시는 당신은 누구신가요?' 뭐야! 윤재였잖아. 윤재가 나를 꼬집고 도망갔어. 너 당장 거기 서!

강윤재

안녕, 또 만나서 반가워. 나는 초등학교 5학년이 되었어. 여전히 장난기 많은 나를 희원이 누나는 철부지 같다고 하지만, 그러는 누나는 뭐 사차원 소녀 아닌가? 그래도 내가 공부할 때는 또 열심히 한다고. 이번에 고모가 가르쳐 주는 세계 지리를 배우며 나의 지식 수준을 한층 업그레이드할 거야. 음하하하. 무엇보다 내 라이벌인 진이와 같이 공부하니까 더 열심히 해야지. 고모, 근데 공부할 때 간식은 당연히 주는 거지?

진

니 하오! 나는 윤재와 같은 반 친구야. 아빠는 중국인, 엄마는 한국인이지만, 서울에 오래 살아서 한국말은 잘해. 윤재와 나는 축구 시합에서 서로 다른 팀의 골키퍼로 만났어. 우리 둘은 종종 다투면서도 항상 같이 놀고 싶어 하는 친구 사이야. 따분하고 심심한 겨울 방학. 윤재가 고모한테 세계 지리를 배운다고 해서 나도 배우러 왔어. 뭐든지 윤재에게 질 순 없잖아! 내 꿈이 비행기 조종사니까 더욱이 세계 지리를 잘 알아야 해. 너희 가운데 나중에 내 비행기에 탈 사람 손 들어 봐.

고모와 겨울 방학을 맞이하다

어젯밤 나는 작은 요를 깔고 뒹굴거리며 자고 있었어요. 그러다 뭔가 물컹한 것이 내 다리에 닿았지요. '으악! 뭐, 뭐야?' 희미한 새벽빛에 코 골고 이 갈고 있는 고모의 옆얼굴이 희미하게 보였어요. 밤새 낯익은 손님이 잠자리를 몽땅 차지하는 바람에 나는 제대로 잠을 잘 수 없었답니다. 다음 날 아침, 가족 모두 밥을 먹고 있는데 쑨이 고모가 잔뜩 부푼 사자 머리를 하고 입가에 묻은 침을 닦으며 어슬렁어슬렁 방문을 나왔어요. 세계 최고의 털털함을 보여 주고 있는 쑨이 고모, 이는 닦고 밥상으로 와야 하는 거 아냐? 왠지 머리에서 뭐가 떨어질 것 같아.

고모　　맛있다. 맛있어. 이틀 만에 처음 먹는 밥이야.

윤재　　고모, 언제 왔어?

고모　　새벽에 왔지.

희원　　윤재랑 나랑 방학인데 고모도 방학이야?

고모　　응. 희원아, 고모 부탁 좀 들어줘. 네 방에서 보름만 같이 살자. 귀찮게 안 할게. 알았지?

윤재　　보름만? 그럼 내 방 빌려 줄게. 하루에 천 원씩. 싸다 싸.

고모　　보름이 지나면 고모는 브라질로 여행 갈 거야.

윤재 희원　정말? 좋겠다. 우리도 데려가 줘.

고모   이런. 안 될 소리! 너희는 나중에 크면 가.

올해 서른셋이 된 고모의 이름은 강순이에요. 우리는 고모를 쑨이 고모라고 부르죠.
고모는 중학교에서 사회를 가르치는 선생님이에요. 고모가 가장 좋아하는 것은 여행이에요.
고모는 방학이면 짬짬이 해외여행을 가는데 이번에는 브라질과 멕시코로 갈 거래요.
아! 아마 그곳 사람들이 고모를 현지 사람으로 알 거예요. 쑨이 고모의 피부는 윤기가 나는
초콜릿색이거든요. 아빠는 쑨이 고모에게 보름 동안 잠자리와 밥값으로 저와 윤재에게 여행
이야기를 해 주고 세계 지리를 가르쳐 주라고 명령했어요. 고모는 "뭐 그쯤이야." 하며 콧방귀를
뀌었지요. 나는 엄청 덤벙거리는 괴짜 고모가 과연 우리를 어떻게 가르칠지 궁금해졌어요.

쑨이 고모는 방 가운데에 세계 지도를 펼쳤어요. 세계 지도를 한눈에 바라보고 있으니까 왠지 가슴이 두근거렸어요.

고모   우선 세계 지도를 볼까? 세계 지도는 보면 볼수록 매력적이야. 이 안에 많은 것들이 담겨 있다고 상상하면 가슴이 벅차다니까. 얘들아, 터키라는 나라가 어느 대륙에 있는지 아니?

윤재   터키? 들어 보긴 했는데……. 타이와 이름이 비슷하니까 아시아에 있나?

희원   고모, 터키가 어디 있는지는 아는데 유럽과 아시아 중 어디에 속하는지 잘 모르겠어.

고모   그래? 터키 땅은 대부분 아시아에 속해 있어. 일부분만 유럽에 속해 있지. 국토의 90퍼센트가 아시아에 있고 국민 대다수가 이슬람교를 믿어서 보통은 아시아로 봐. 터키의 이스탄불이라는 도시는 세계에서 유일하게 두 대륙에 걸쳐 있는 도시야.

윤재   정말이네. 터키의 보스포루스 해협은 유럽과 아시아 대륙 사이에 있어.

고모   보스포루스 해협은 북쪽의 흑해와 남쪽의 에게해와 지중해를 나누는 경계야. 해협은 육지와 육지 혹은 섬과 섬 사이에 끼여 있는 바다를 말하지. 터키는 이처럼 동양과 서양이 교차하는 위치에 있어서 두 문화의 흔적이 모두 남아 있어. 이스탄불에 가면 이슬람교 사원과, 서양 문화를 대표하는 로마 제국의 유적지들을 모두 볼 수 있어. 윤재야, 오대양 육대주라는 말을 들어 봤니?

윤재   당연하지. 지구가 5개의 큰 바다와 6개의 큰 땅으로 이루어져 있다는 뜻이잖아. 육대주를 먼저 읊어 볼까? 유럽, 아시아, 아프리카, 오세아니아, 북아메리카, 남아메리카. 오대양은 태평양, 대서양, 인도양 그리고 뭐였지?

희원   남극해와 북극해지. 윤재 대단한걸. 세계 지리 배운다니까 공부 좀 했구나!

윤재   아니. 실은 방금 지도를 슬쩍 본 거야. 내가 시력 하나는 끝내주거든.

이스탄불
옛 이름은 콘스탄티노플이었고 그리스 시대에는 비잔티움이라고 불렸어. 1600년 동안 터키의 수도 역할을 해 오다가 1923년 터키 공화국을 세운 첫 대통령에 의해 앙카라로 수도가 바뀌었어.

고모	육대주 가운데 유럽과 아시아를 나누는 것은 우랄산맥과 카스피해와 흑해야. 남북으로 뻗은 우랄산맥을 중심으로 동쪽은 아시아, 서쪽은 유럽이고, 카스피해와 흑해를 중심으로 남쪽은 아시아 북쪽은 유럽이지. 유럽과 아시아를 동시에 유라시아라고도 하지만, 유럽과 아시아는 역사와 문화의 차이가 커.
희원	지도에서 보면 러시아도 유럽과 아시아 중간에 있어.
고모	맞아. 그런데 러시아는 인종과 문화가 유럽에 가깝기 때문에 유럽에 속한다고 봐.
윤재	그럼 북아메리카와 남아메리카는 어떻게 나눠?
고모	지리적으로 파나마 지협을 경계로 남북으로 나누고, 멕시코와 파나마 지협 사이를 중앙아메리카로 구분해. 지협은 넓은 육지와 육지를 연결하는 좁은 땅을 말해. 문화를 기준으로는 리오그란데강을 경계로 위쪽을 앵글로아메리카라고 하고, 아래쪽에 있는 중앙아메리카와 남아메리카를 합쳐 라틴 아메리카라고 하지.

> **인종**
> 지구상의 인류를 골격, 피부색, 머리카락, 혈액형 등의 특성에 따라 구분한 것을 말해.

직접 세계 여러 곳을 발로 밟으며 다닐 수는 없지만, 오대양 육대주를 품은 세계 지도를 그려 보면서 설명을 들으니까 세계 여행에 첫발을 내딛는 기분이었어요. 이렇게 고모와 공부하며 커다란 꿈을 품고 조금씩 이루어 나가면 똑똑한 세계인이 되는 거겠죠? 가겠노라, 보겠노라, 들겠노라, 푸핫! 우리는 세계인이야!

한눈에 보는 세계 지도

위에 투명한 종이를 대고 세계 지도를 따라 그려요. 오대양 육대주의 이름을 써 보세요. 대륙별, 나라별로 색깔을 달리 칠해 보아요. 가 보고 싶은 곳에 표시도 해 보세요.

세계에서 두 번째로 작은 대륙. 동쪽은 우랄산맥, 카스피해, 흑해를 경계로 아시아 대륙과 나뉜다. 서쪽은 대서양, 남쪽은 지중해, 북쪽은 북극해와 접한다.

세계에서 가장 큰 대륙. 중국, 한국, 일본이 있는 동부 아시아, 인도차이나반도와 말레이반도로 이루어진 동남아시아, 인도반도 지역인 남부 아시아, 카스피해 동쪽에서 러시아 남서쪽에 이르는 지역인 중앙아시아, 사우디아라비아와 이라크 등이 있는 서남아시아로 나뉜다.

북극을 중심에 두고 아시아, 유럽, 북아메리카와 접하는 바다. 여름철에는 얼음이 녹아서 염분이 적다.

세계에서 세 번째로 큰 대륙. 서쪽으로 태평양이, 동쪽으로 대서양이 흐르고 태평양 쪽에는 로키산맥이, 대서양 쪽에는 애팔래치아산맥이 있다.

중앙아시아 동부 아시아

서남아시아

남부 아시아

동남아시아

전체 바다 면적의 50퍼센트 이상을 차지하는 가장 큰 바다. 세계 전체 육지를 합해도 이보다 작다. 동쪽으로 아메리카, 서쪽으로 아시아, 남쪽으로 오세아니아와 남극, 북쪽으로 북극이 있다.

세계에서 두 번째로 큰 바다. 서쪽으로 아메리카, 동쪽으로 유럽과 아프리카가 있다.

세계에서 세 번째로 큰 바다. 동쪽에는 말레이반도, 서쪽에는 아라비아반도와 아프리카가 있다.

세계에서 두 번째로 큰 대륙. 적도가 대륙 중간을 지나간다. 서쪽에 대서양, 동쪽에 인도양, 북쪽에 지중해가 있다.

세계에서 가장 작은 대륙. 오스트레일리아, 뉴질랜드, 주변의 작은 섬들로 이루어져 있다.

세계에서 네 번째로 큰 대륙. 태평양 쪽으로 안데스산맥이 있고 세계에서 가장 긴 강인 아마존강이 흐른다.

태평양, 인도양, 대서양의 남쪽에 있는 바다. 수온이 낮아서 겨울에는 빙설로 덮여 있다.

지구 공의 특별한 이야기

거대한 우주 안에 8개의 행성을 가진 태양계, 그리고 태양계에서 세 번째 행성인 지구. 우리가 살고 있는 지구에 대해 얼마나 알고 있니? 바로 이 순간에도 지구는 끊임없이 살아 움직이며 때로는 무섭게 변신하는 푸른 별이야. 지구에 있는 수많은 나라들은 각자 다양한 이야기를 품고 있지. 지구와 세계 여러 나라 대해 알고 싶어 하는 윤재, 희원이와 함께 고모의 이야기를 차근차근 들어 볼래?

세계를 한눈에 보여 줄게

국기는 나라마다 각각 개성이 있고, 그 나라만의 고유한
역사와 사회 제도 등을 상징해. 나라를 대표하는
여러 가지 중에서도 국기는 가장 중요해.

아침 일찍부터 "애들아, 얼른 일어나 공부하자."라는 고모의 고함이 들렸어요. "방학인데 늦잠 좀 잘래." 외쳤더니 이불을 사정없이 걷어 가는 얄미운 고모. 윤재와 나는 눈곱을 떼어 내며 세계 지도를 바라보았지요. 지도에는 언뜻 보아도 정말 많은 나라가 있었어요. 사람도 저마다 생김새와 성격이 다르듯 각각의 특징을 가진 나라들이 궁금해졌어요.

국제 연합(유엔, UN)
제2차 세계 대전 뒤 창설한 국제 평화 기구를 말해. 1945년에 정식으로 창립하였고 본부는 미국 뉴욕에 있어. 주요 기관으로 총회, 안전 보장 이사회, 국제 사법 재판소 등이 있지.

고모	지구에는 몇 개의 나라가 있을까? 맞히는 사람에게는 어제 내가 몰래 먹다만 초콜릿 다 주지.
윤재	200개.
희원	아니야, 250개.
고모	희원이가 맞혔어. 약 250개국이야. 그중 2021년 현재 유엔 회원국은 193개국이고, 월드컵 참가국은 211개국으로 올림픽 참가국인 206개국보다 많아.
윤재	앗싸! 누나, 내가 말한 숫자가 더 가깝지? 초콜릿은 전부 내 거야.
희원	흥. 고모, 아시아 대륙은 크니까 나라 수도 많겠네.
고모	그렇지 않아. 아시아에는 46개국 정도의 나라가 있는데 유럽의 나라 수와 거의 같아. 아시아는 땅이 넓고 인구가 많지만, 불모지가 많아서 대부분 사람들이 살기 좋은 곳에 모여 살아. 여기에 국기 카드들을 펼쳐 놓을게. 나라 이름을 말하면 해당되는 국기를 찾아봐.
윤재	이런, 우리한테는 너무 무리야. 처음 보는 국기도 많은데 그냥 가르쳐 주면 안 돼?
고모	아니야. 너희는 똑똑한 고모의 조카들이니까 잘할 수 있을 거야.
윤재	달과 별이 그려진 국기가 꽤 많아.
고모	맞았어. 터키와 파키스탄 국기에서 달과 별은 이슬람교를 의미해. 하지만 별은 북한,

중국, 베트남 국기에서는 공산주의를, 미국과 브라질 국기에서는 주의 수를 나타내고, 필리핀 국기에서는 3개의 큰 섬을 나타내기도 해. 이제 아르헨티나 국기를 찾아봐.

윤재　이쯤이야 내가 축구를 좋아해서 잘 알지. 국기 안에 태양 무늬가 있었어.

고모　이 문장은 '5월의 태양'이라 해. 태양을 숭배했던 남아메리카의 잉카 문명을 상징해. 키리바시 국기에도 태양 무늬가 있어. 키리바시는 태평양에 있는 섬으로 세계에서 가장 빨리 해가 뜨는 나라야. 많은 나라들의 국기에서 태양은 노랑색, 빨강색, 흰색으로 표현되고 빛과 생명을 뜻해. 이번에는 그리스 국기를 찾아봐. 십자가가 힌트야.

희원　뭐야? 십자가가 그려진 국기가 너무 많잖아.

윤재　이거 같은데? 앗싸. 이번에도 내가 찾았어. 고모, 초콜릿 곱빼기로 줘야 해.

고모　알았어. 그리스 국기에서 십자가는 그리스 정교라는 종교를 나타내. 반면 다른 대부분의 국기에 그려진 십자가는 기독교를 뜻하지.

윤재　누나, 우리 이 국기들을 누가 빨리 줍나 내기할까? 제일 빠른 세계 일주가 될 거야.

희원　재밌겠다. 이번에는 질 수 없지. 나도 초콜릿 먹고 싶다고.

고모　자자. 주목! 하나 더. 영국 국기는 유니언 잭(Union Jack)이라고 해. 세 국기를 합해 만든 연합기야.

희원　고모, 작은 우리나라 땅에 산다는 것이 우물 안 개구리 같다는 생각이 들어.

윤재　개굴개굴. 이런 이런. 누나, 우리가 커서 넓은 세계를 위해 멋진 일을 많이 하면 되지. 그런데 고모, 나라의 국경선은 어떻게 정해지는 거야?

고모　아주 괜찮은 질문이야. 국경선은 바다, 산맥, 하천, 호수 등에 의해 결정되는 자연적인 경계와 정치적인 이해관계 때문에 결정되는 인위적인 경계가 있어. 우리나라의 휴전선이 인위적인 경계의 예지.

희원   고모, 아프리카 대륙의 국경선들은 다른 대륙에 비해 반듯해서 이상해.

고모   제국주의 시대에 유럽 열강들이 아프리카를 침입해서 인위적으로 국경선을 정해서 그래. 그래서 지금도 문제가 많아. 제국주의는 힘 있는 나라가 약한 나라를 지배하고 약탈하는 것을 말해. 얘들아, 세계 지도를 잘 봐. 어느 나라가 크고 작을까?

윤재   러시아, 캐나다, 중국, 미국, 브라질, 오스트레일리아가 커. 작은 나라들은 잘 안 보여.

희원   여기 있잖아. 싱가포르와 룩셈부르크.

고모   세계에서 가장 작은 나라는 바티칸 시국이야. 바티칸 시국은 이탈리아 로마 시내에 있는 나라인데 서울의 경복궁 면적과 비슷해. 인구는 1000명 정도고 전 세계 가톨릭을 대표하는 교황이 다스리는 나라지. 땅은 좁지만 관광대국이야. 너희들은 어느 나라를 여행하고 싶니?

희원   배를 타고 태평양을, 코끼리를 타고 아프리카 대륙 곳곳을, 철도를 타고 유럽 구석구석을, 극지방은…… 어떻게 가지? 맞아. 고래 등에 타고 가야지. 난 전 세계를 다 가 보고 싶어.

윤재   나도. 희원이 누나 옆구리에 강력 접착제를 붙여서 공짜로 다녀야지.

내 말이 끝나기가 무섭게 윤재는 세계 지도를 돌돌 말아 윗도리 속에 집어넣었어요. 자기 가슴에 세계를 다 품을 거라나요. 그래. 윤재야, 우리 세상을 다 가져 보자. 그런데 고모가 소리를 꽥 질렀어요. "야, 강윤재. 지도가 다 구겨지잖아. 너 이리 와. 초콜릿 준다는 거 전부 취소야!"

세계 여러 나라 국기를 찾아보자!

이 책을 보는 친구들아, 나라와 국기를 연결해 봐. 오른쪽 페이지 국기 밑에 나와 있는 숫자를 왼쪽 페이지 지도에서 찾아봐. 그 숫자에 해당하는 나라 이름을 괄호 안에 적어 보자.

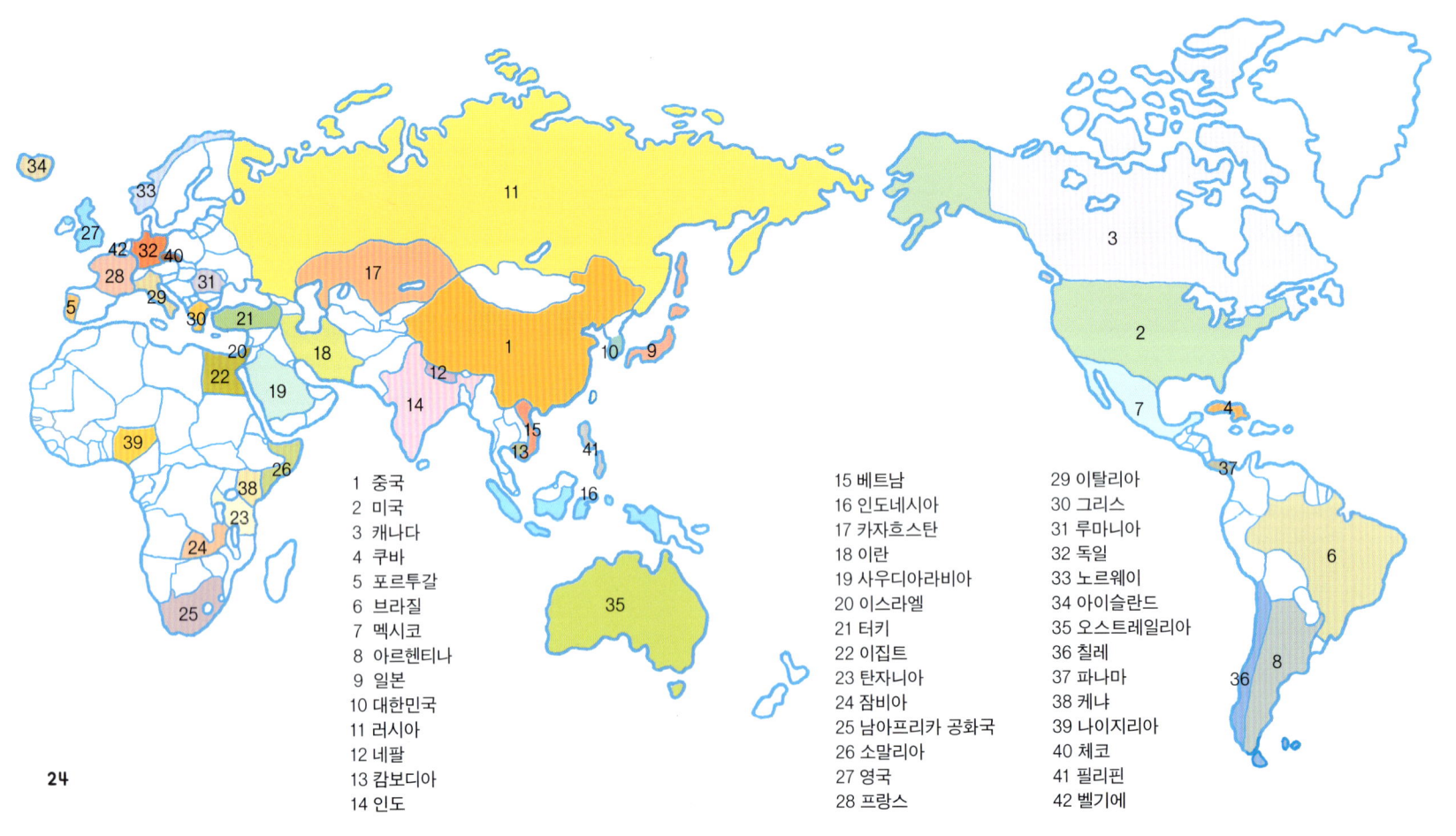

1 중국
2 미국
3 캐나다
4 쿠바
5 포르투갈
6 브라질
7 멕시코
8 아르헨티나
9 일본
10 대한민국
11 러시아
12 네팔
13 캄보디아
14 인도
15 베트남
16 인도네시아
17 카자흐스탄
18 이란
19 사우디아라비아
20 이스라엘
21 터키
22 이집트
23 탄자니아
24 잠비아
25 남아프리카 공화국
26 소말리아
27 영국
28 프랑스
29 이탈리아
30 그리스
31 루마니아
32 독일
33 노르웨이
34 아이슬란드
35 오스트레일리아
36 칠레
37 파나마
38 케냐
39 나이지리아
40 체코
41 필리핀
42 벨기에

세계 지도에 있는 선들은 뭘까?

지도나 지구본을 보면 바둑판처럼 가로선과 세로선이 있어.
이것을 위선과 경선이라고 해. 우리는 이 선들로 둥근 지구에서
위치를 알 수 있고 시간도 알 수 있지.

오늘은 아빠가 뉴욕으로 출장을 간 지 이틀째 날이에요. 윤재와 나는 아빠에게 받고 싶은 선물 목록을 작성해 메일로 보냈어요. 그리고도 다시 다짐을 받아야 한다며 윤재가 오후 3시쯤 휴대폰으로 전화를 걸려는 찰나, "윤재야, 지금 뉴욕은 새벽이야. 그곳 시간을 확인하고 전화해야지."라는 고모의 핀잔을 들었지요. 서울과 뉴욕의 시간이 다르다는 것은 알았지만 도대체 세계 여러 나라, 도시의 시간을 어떻게 정확하게 알 수 있는지 궁금했어요.

고모　세계 지도를 펼쳐 봐. 이 지도 안에 가로선과 세로선이 있지?
윤재　응. 세기가 힘들지만 어쨌든 아주 많아.
고모　윤재야, 너는 학교에서 몇 분단 몇 째 줄에 앉아?
윤재　3분단 4째 줄.
고모　희원아, 이 집은 몇 호지?
희원　502호.
고모　3분단 4째 줄은 교실에서 윤재의 책상 위치를, 5층 2호라는 것은 아파트에서 우리 집의 위치를 알려 줘. 마찬가지로 사람들이 세계 지도를 그릴 때 가로선과 세로선을 그어 좌표(자리표)를 만들어서 어떤 곳의 위치를 알 수 있게 한 거야. 가로선은 위선, 세로선은 경선이라고 해.
희원　고모, 지도에서 위치를 말할 때 위도와 경도라고 하잖아. 위선과 경선하고 다른 거야?
고모　위선과 경선은 말 그대로 지구상에 그어진 선을 말하고, 위도는 지구상에 그려진 위선의 값, 경도는 지구상에 그려진 경선의 값을 말하는 거야.
희원　우리나라는 위도 40°(도) 근처, 경도 120~140°(도)에 있네. 보너스! 윤재야, 이 누나가 잘 외울 수 있는 비법을 알려 주지. 가로선은 위선, 앞 글자만 따면 가위! 이것만 외우면

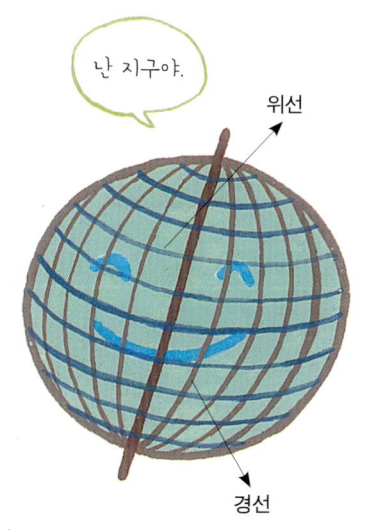
난 지구야.
위선
경선

위선과 경선

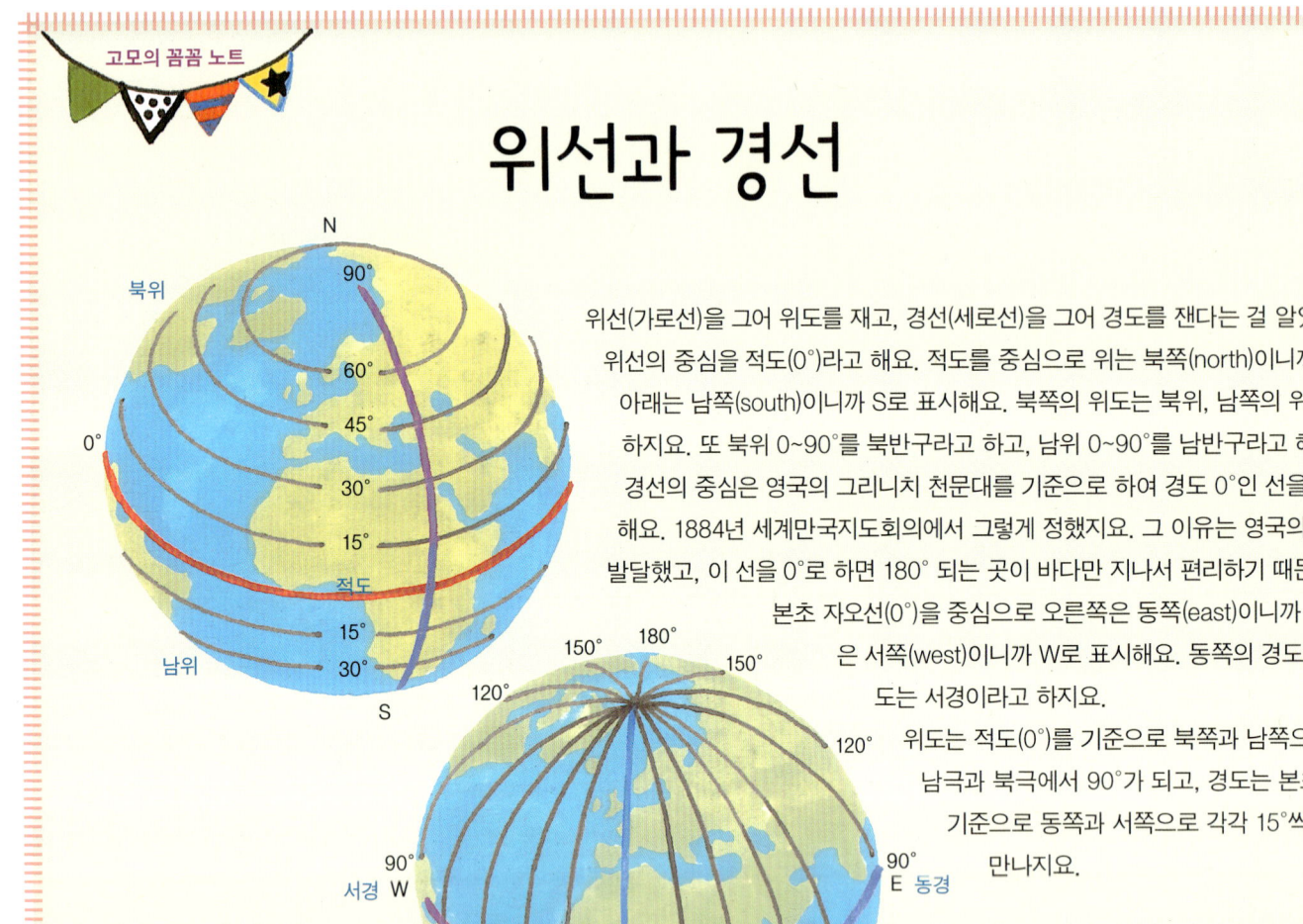

위선(가로선)을 그어 위도를 재고, 경선(세로선)을 그어 경도를 잰다는 걸 알았지요?

위선의 중심을 적도(0°)라고 해요. 적도를 중심으로 위는 북쪽(north)이니까 N으로 표시하고, 아래는 남쪽(south)이니까 S로 표시해요. 북쪽의 위도는 북위, 남쪽의 위도는 남위라고 하지요. 또 북위 0~90°를 북반구라고 하고, 남위 0~90°를 남반구라고 해요.

경선의 중심은 영국의 그리니치 천문대를 기준으로 하여 경도 0°인 선을 본초 자오선이라고 해요. 1884년 세계만국지도회의에서 그렇게 정했지요. 그 이유는 영국의 천문 기술이 발달했고, 이 선을 0°로 하면 180° 되는 곳이 바다만 지나서 편리하기 때문이에요.

본초 자오선(0°)을 중심으로 오른쪽은 동쪽(east)이니까 E로 표시하고, 왼쪽은 서쪽(west)이니까 W로 표시해요. 동쪽의 경도는 동경, 서쪽의 경도는 서경이라고 하지요.

위도는 적도(0°)를 기준으로 북쪽과 남쪽으로 각각 15°씩 커져 남극과 북극에서 90°가 되고, 경도는 본초 자오선(0°)을 기준으로 동쪽과 서쪽으로 각각 15°씩 커져 180°에서 만나지요.

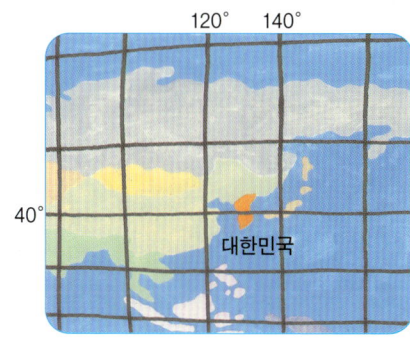

경선은 저절로 외워져.

윤재   오우, 정말 쉽네.

희원   고모, 그런데 시차는 경선과 무슨 관련이 있어? 경도에 따라 시간대가 다르다고 들었어.

고모   그걸 설명하려면 먼저 지구의 자전에 대해 말해야 해. 지구는 하루에 한 바퀴를 돌잖아. 24시간 동안 360°를 도는 거니까 360을 24로 나누면 15. 1시간에 15°씩 도는 거야. 경선이 본초 자오선을 기준으로 15°씩 커지니까 15°마다 1시간씩 늘어나는 시차와 관계가 있지. 하루가 24시간인 것처럼, 24개 지역을 각각 1시간으로 정해 세계를 24개의 시간대로 나눈 것을 표준 시간대라고 해. 이에 따르면 세계의 시간은 본초 자오선을 기준으로 동쪽으로 15°씩 커질 때마다 1시간씩 빨라지고, 서쪽으로 15°씩 커질 때마다 1시간씩 느려져. 동경 135°에 위치한 대한민국 서울은 135÷15=9, 영국보다 9시간이 빠르고(+), 서경 75°에 위치한 미국 뉴욕은 75÷15=5, 영국보다 5시간이 느려(-). 그러니까 영국 런던에서 오후 6시에 축구 경기를 하면 우리나라는 9시간이 빠르니까 새벽 3시에 볼 수 있어. 빨라지면 더하기, 느려지면 빼기로 계산하면 편해.

윤재   고모, 날짜 변경선은 뭐야?

고모   말 그대로 날짜를 변경하기 위해 만든 경계선이야. 동경 180°와 서경 180°가 만나는 곳으로 본초 자오선(0°)과 반대편에 있지.

윤재   왜 날짜 변경선을 정했어?

고모   얘들아, 만약에 지구 한 바퀴를 돈다고 생각해 봐. 우리나라가 1월 1일 오전 12시일 때 동쪽으로 180° 이동하면 180÷15=12니까 12시간이 더해져 1월 1일 오후 12시가 돼. 다시 동쪽으로 180° 이동하면 12시간이 더해져 1월 2일 오전 12시가 되어야 하지. 하지만 계속 같은 표준 시간대를 지나면서 출발했던 곳으로 돌아오면 여전히 1월 1일 오전

세계 표준 시간대

땅이 동서로 넓은 러시아, 캐나다, 미국, 오스트레일리아는 여러 개의 표준시를 사용해요. 하지만 중국은 베이징을 지나는 하나의 경선만을 표준시로 사용하지요. 그리고 경선과 달리 시차를 나타낸 선은 비뚤어요. 여러 나라의 국경선들이 경선과 일치하지 않기 때문에 되도록 같은 나라 안에서 시간이 달라지는 것을 피하기 위한 거예요. 하나 더! 날짜 변경선은 시차를 나타내는 선보다 더 비뚤비뚤해요. 그 이유는 섬과 육지를 피해서 그었기 때문이지요. 날짜 변경선 때문에 같은 나라나 같은 섬 안에서 날짜가 달라지면 안 되니까 날짜 변경선은 바다만 통과하도록 했어요.

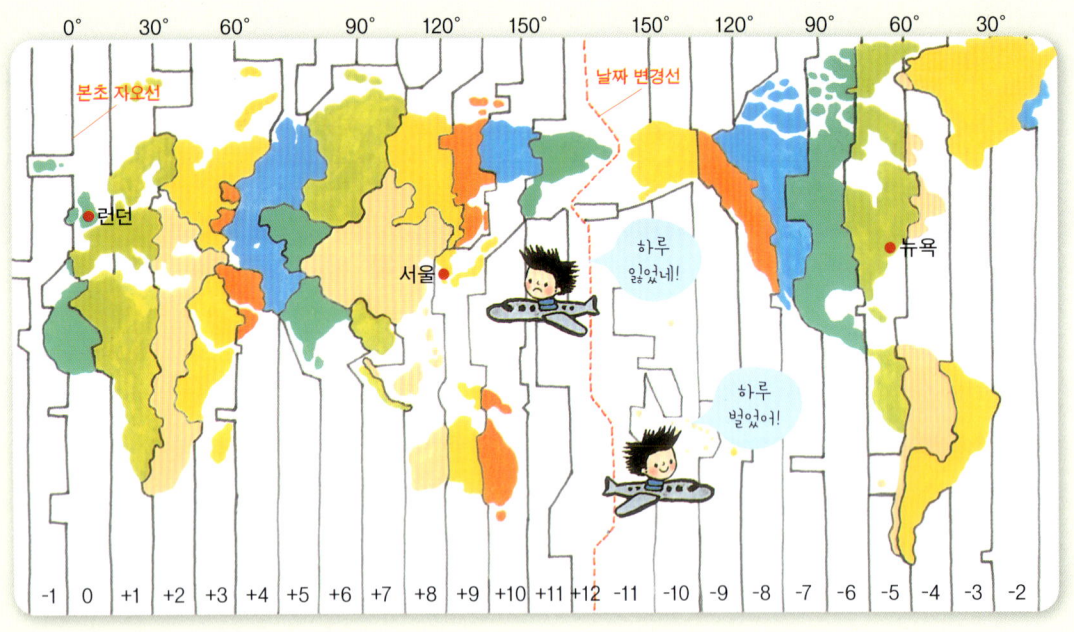

세계 표준 시간대 지도

12시가 될거야. 그래서 날짜 변경선이라는 기준이 필요해. 날짜 변경선을 기준으로 서쪽에서 동쪽으로 넘어가면 하루를 더하고, 동쪽에서 서쪽으로 넘어가면 하루를 빼면 돼. 빼면 하루를 벌고 더하면 하루를 잃는 셈이야. 예를 들어 오늘이 1월 1일인데 하루를 빼서 12월 31일이면 하루가 더 남아서 번 거고, 하루를 더해 1월 2일이면 하루가 없어진 거니까 잃어버린 것이 되지.

윤재   누나, 이렇게 알아 둬. 동쪽으로 가면 하루를 빼야 하니까 '똥빼'라고 말이야.

희원   똥빼! 큭큭……. 그런데 고모, 세계 지도와 지구본을 나란히 놓고 보니까 뭔가 많이 달라. 세계 지도를 보면 그린란드와 양 극지방이 넓은데 지구본을 보면 그렇지 않아.

윤재   어, 정말이네.

고모   실제로는 구 모양인 지구를 평면으로 나타낼 때는 그런 오류가 생길 수밖에 없지. 극점에 가까운 부분이 몇 배나 넓어지기 때문이야. 이렇게 극지방을 확대해서 지도를 그리는 것을 메르카토르 도법이라고 해. 메르카토르 도법으로 그려진 세계 지도를 볼 때는, 지구본일 때 어떤 모양일까 하고 머릿속으로 떠올려 봐야 해.

날짜 변경선을 그려 볼까?

나는 지구본을 조금씩 돌리면서 바닥에 펼쳐 놓은 세계 지도를 번갈아 바라보았어요. 지구본이 실제 국가들의 형태, 거리 등을 파악하는 데 더 편리하지만 아무래도 휴대하기는 힘들겠지요? 세계 지도는 세계를 한눈에 볼 수 있고 위선과 경선을 보는 데 편리하지만 실제 지구의 모습과는 차이점이 있고요. 이제부터 지구본과 세계 지도를 동시에 놓고 봐야겠어요. 그래야 지구라는 친구의 모습을 더 잘 알 수 있으니까요.

지구는 카멜레온 같아

기후는 어떤 지역에서 오랜 기간 동안 나타나는 평균적인
날씨 상태를 말해. 계절의 변화, 태풍이나 가뭄, 집중 호우나
기상 이변 등을 모두 포함하는 개념이지.
기후는 대부분 기온과 강수량에 의해 결정되지만 위도나 바람,
해발 고도 등의 영향을 받기도 해.

아침에 일어나니 창문 밖이 온통 하얀 세상이었지요. 내 마음은 펄쩍펄쩍 뛰는데 이제 조금 있으면 또 한 살 먹는다며 시무룩한 표정의 고모. 뭐야? 이 눈이 정녕 반갑지 않아?

고모   아, 그리워라. 작년 이맘 때 오스트레일리아의 캥거루섬에서 낚시와 수영을 하며 크리스마스를 보냈던 기억이 나.

윤재   뭐? 거기 크리스마스는 춥지 않아?

고모   춥긴. 오스트레일리아의 어떤 크리스마스 광고에는 산타 할아버지가 해변가 의자에서 수영복을 입고 음료수를 마시는걸. 윤재야, 지구의 가로선이 뭐라고 했지?

윤재   가위니까, 위도.

고모   맞아. 지구의 위도는 기후와 관계가 깊어. 태양 에너지를 많이 받는 저위도 지방은 한 해 내내 덥고, 중위도 지방은 대체로 사계절이 뚜렷하고, 고위도 지방은 저위도와 반대로 한 해 내내 춥지. 그래서 적도에서 극지방으로 갈수록 열대·건조·온대·냉대·한대 기후 순으로 나타나. 그런데 태양 주위를 공전하는 지구의 자전축이 23.5° 기울어졌기 때문에 비슷한 경도에 있더라도 남반구와 북반구에서 햇빛을 받는 정도가 달라서 계절이 반대인 거야.

희원   북반구에 있는 우리나라가 겨울이면 남반구에 있는 오스트레일리아는 여름이네. 그럼 위도가 같은 나라들은 모두 기후가 같아?

고모   꼭 그렇지는 않아. 같은 위도에 있는 나라도 해발 고도와 해류, 바람 등에 따라 기후가 다를 수 있어. 해발 고도는 바닷물의 표면을 기준으로 잰 땅의 높이를 말해. 멕시코의 수도인 멕시코시티나 에콰도르의 수도인 키토는 적도 부근에 있지만 해발 2000~3000 미터로 높은 곳이라서 일 년 내내 서늘한 기후야. 인도와 네팔 위쪽의 티베트고원도

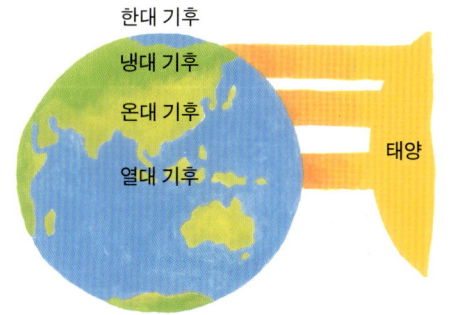

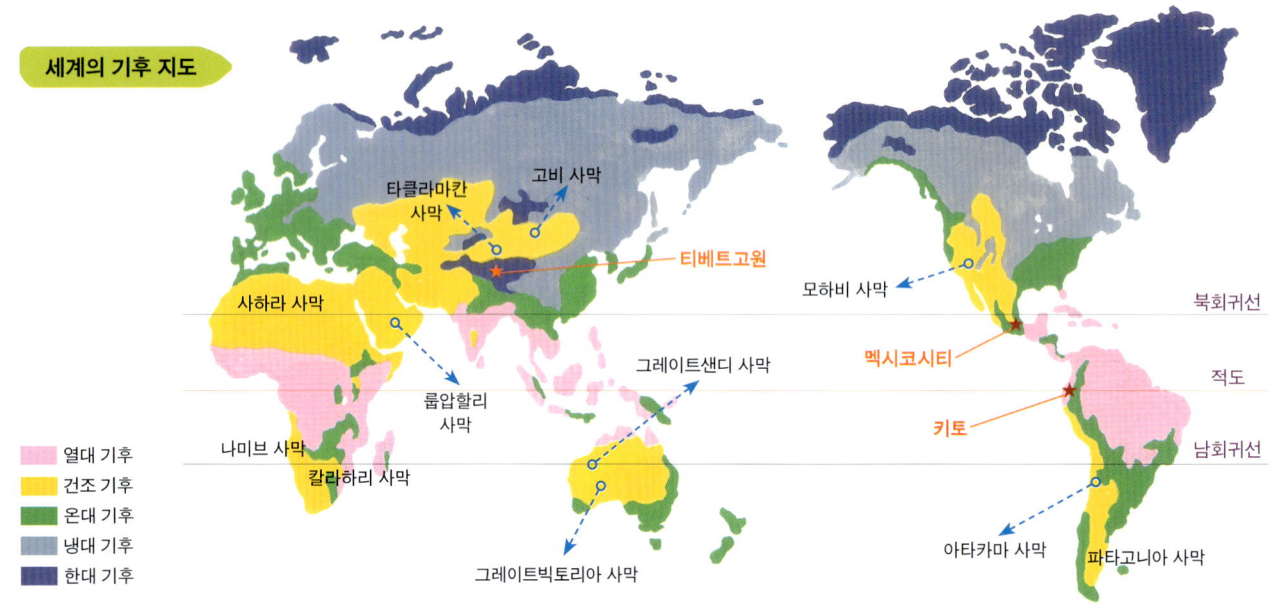

세계의 기후 지도

- 열대 기후
- 건조 기후
- 온대 기후
- 냉대 기후
- 한대 기후

북회귀선과 남회귀선
북회귀선은 북위 23°27'의 위선이야. 북반구에서 열대와 온대를 구분하는 선이지. 남회귀선은 남위 23°27'의 위선이고, 남반구에서 열대와 온대를 구분하는 선이야.

위도가 낮지만 평균 해발이 4500미터가 넘고 대다수의 산봉우리들이 얼음과 눈으로 덮여 있어.

윤재   고모, 북회귀선과 남회귀선이 지나는 곳에는 사막이 많아.

고모   비가 내리려면 차가워진 공기가 상승해서 물방울을 만들어야 하는데, 남·북회귀선이 지나는 위도 20~30° 부근은 공기가 하강하는 지역이라서 강수량이 적기 때문이야.

윤재   사막에서는 눈이 안 내리지? 난 일 년 내내 눈이 와도 좋아. 그럼 썰매 타고 학교 가야지.

고모   눈이 좋기는 한데, 북유럽이나 북아메리카 고위도 지역, 일본의 북서 해안, 안데스 산지 같은 고산 지방에서는 눈 때문에 인명·재산 피해가 크지.

희원   고모, 아프리카에서는 물이 부족한 곳도 있대. TV에서 그런 곳에 우물을 만들어 주는

고모의 꼼꼼 노트

세계의 기후

독일의 기후학자인 쾨펜은 기온과 강수량을 기준으로 세계의 기후를 구분했어요.

- **열대 기후** - 연중 매우 더워서 최고 낮은 기온이 18도 이상이며 비가 많이 와요. 열대 밀림과 넓은 초원이 분포하지요.
- **건조 기후** - 강수량이 증발량보다 적어 매우 건조하고, 기온의 일교차와 연교차가 커요. 사막에서 많이 나타나지요.
- **온대 기후** - 사계절이 뚜렷하며 기온 변화와 날씨 변화가 커요. 지구 대륙의 27퍼센트가 온대 기후에 속해요. 인구가 가장 많이 사는 지역이기도 해요.
- **냉대 기후** - 온대와 한대 사이의 기후이며 북반구의 북부에서만 볼 수 있는 기후예요. 겨울이 길고 몹시 추우며 여름은 짧지요.
- **한대 기후** - 최고 따뜻한 달의 기온이 영상 10도 미만일 정도로 추워요. 0~10도 사이의 기후를 툰드라 기후, 0도 미만인 기후를 빙설 기후라고 해요. 빙설 기후는 극지방이 대표적이지요. 툰드라 기후에서는 이끼류가 많이 자라요.

멕시코시티, 키토와 같은 해발 고도가 높은 지역에서 나타나는 기후는 특별히 고산 기후로 분류했어요. 기온이 낮으며 습도가 높아서 구름과 안개가 잘 생기고 바람과 햇빛이 강한 것이 특징이에요.

> **태풍의 다른 이름**
> 인도양에서 발생해서 인도나 방글라데시 등 남부 아시아에 영향을 주는 것을 사이클론이라고 해. 멕시코만에서 발생해서 중앙과 북아메리카에 영향을 주는 것을 허리케인이라 하고, 인도양이나 태평양에서 발생해서 오스트레일리아 북부에 영향을 주는 것을 윌리윌리라고 하지.

　　　　것을 본 적이 있어. 사람들이 깨끗한 물을 쓰면서 기뻐하는 모습을 보니까 참 좋았어.

고모　맞아. 그런데 또 한편으로는 물이 많아서 힘든 나라들도 있어. 방글라데시는 국토의 대부분이 낮은 평야나 강의 하류에 위치해 있어서 홍수로 큰 고통을 받고 있지.

윤재　우리나라에서는 해마다 태풍 때문에 피해가 많잖아. 우리 동네에서도 태풍 때문에 차들이 물에 잠기고 전봇대가 기운 적이 있었어.

고모　태풍은 필리핀 부근에서 발생해서 우리나라와 중국, 일본 등 동부 아시아에 영향을 주는 열대 저기압이야. 다른 나라에서도 강한 바람과 많은 비가 내리는 현상이 일어나는데, 발생 지역에 따라 부르는 이름은 달라. 하지만 태풍이 꼭 나쁘지는 않아. 적도 근처의 뜨거운 열을 품어서 중위도 지방으로 이동시키면 지구의 온도가 일정하게 유지되거든. 물이 부족한 곳에 물을 공급해 주고, 순환을 통해 오염된 바다를 정화시키는 역할도 해.

희원　고모, 《오즈의 마법사》에서 도로시의 집을 송두리째 날려 보낸 바람이 토네이도지?

고모　응. 토네이도는 특히 북아메리카에서 자주 발생해. 멕시코만의 덥고 습한 공기가 로키산맥이나 캐나다 북부의 차고 건조한 공기와 만나 충돌하면서 먼지와 흙먼지를 빨아들이고 깔때기 모양의 회오리바람을 일으키지. 몇 초 만에 사라지기도 하지만, 엄청나게 빠른 속도로 이동하고 지름의 폭이 100킬로미터에 달하는 경우도 있어.

윤재　오우, 토네이도가 보이면 일단 도망가야겠어.

고모　안 돼. 아무리 빨리 달려도 토네이도를 피해 도망갈 수는 없어. 다른 방향으로 벗어나거나 가까운 도랑 등에 들어가 몸을 납작하게 엎드려야 사고를 피할 수 있지.

희원　고모, 왠지 지구가 무섭다는 생각이 들어.

고모　지구 곳곳에서 재해가 일어나기도 하지만, 자연이 만든 아름답고 다양한 경관을 봐. 모래 폭풍이 바위를 깎아 만든 황량한 사막의 버섯 바위나, 석회석이 빚어 놓은 베트남

세계의 자연재해 지도

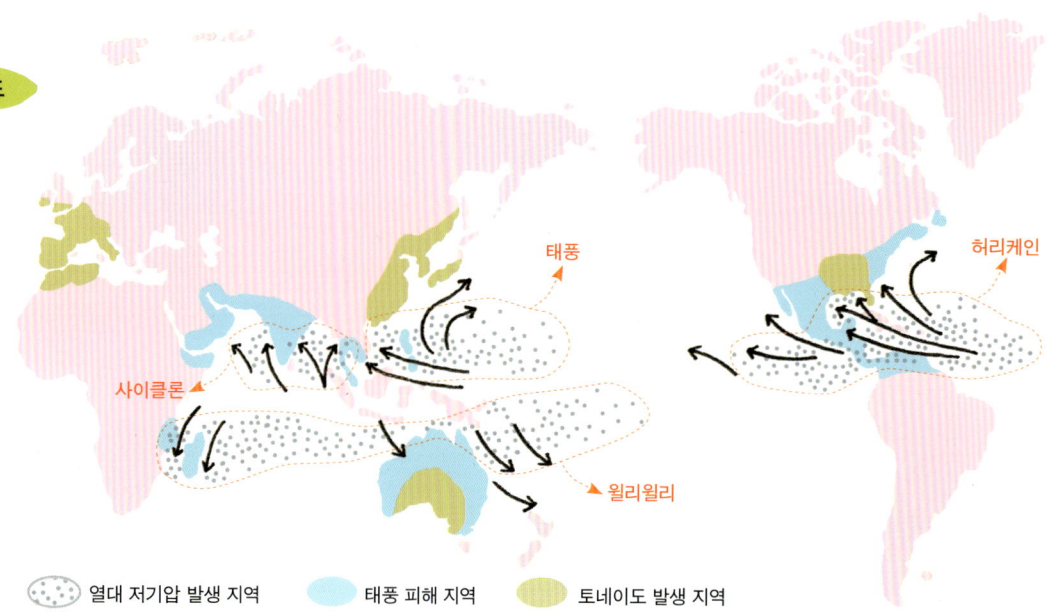

태풍
허리케인
사이클론
윌리윌리

열대 저기압 발생 지역   태풍 피해 지역   토네이도 발생 지역

하롱베이

버섯 바위

하롱베이의 마술 같은 풍경, 세계에서 가장 큰 협곡을 자랑하는 미국의 그랜드 캐니언과 언제나 눈으로 덮인 채 봉우리가 솟아 있는 알프스산맥의 빼어난 경치를 보면 지구가 얼마나 멋진 모습을 가졌는지 알 수 있어.

고모는 지구가 변신을 잘하는 마법사가 되도록 햇빛과 바람과 공기와 물이 도와준다고 했어요. 윤재는 지구 구석구석을 여행하면서 멋진 사진을 찍는 카메라맨이 되고 싶다고 말했지요. 나는요, "지금 당장 회오리바람이 나를 데리고 세계 곳곳으로 데려다 주면 좋겠어."라고 두 손 들고 크게 외쳤어요. 그러자 고모와 윤재가 저를 안쓰러운 눈으로 보았어요. 뭐, 나도 내가 무거운 거 알아요. 그래도 나는 꼭 멋진 곳들을 여행하리라 마음먹었답니다.

지구 공은 움직이지

지구는 여러 층으로 이루어져 있어. 안에 있는 뜨거운 마그마에 의해 바깥쪽의 지각이 천천히 움직이는데, 때로는 서로 충돌해서 지진과 화산 활동이 일어나기도 해.
세계 곳곳에 있는 산과 강들은 오랜 시간 동안 지각이 움직여서 만들어진 아름다운 자연의 보물이야.

고모가 커다랗고 네모난 초콜릿 케이크를 쟁반에 담아 우리 방으로 가져왔어요. 순간 먹는다는 기대에 출싹대던 윤재가 공책으로 쟁반 위에 있던 케이크를 밀어서 반이 망가져 버렸어요.
"야, 어떡해." 내가 소리치자, 고모는 "잠깐. 이걸 보면서 공부부터 하자."라고 했어요.
과연 먹을 것을 눈앞에 두고 공부가 될까요? 아, 빨리 먹고 싶어라.

히말라야와 에베레스트
히말라야는 산스크리트어로 '눈의 고향'이라는 뜻이야. 낮은 곳에서부터 높은 곳까지 다양한 기후가 나타나. 에베레스트는 영국식 이름이야. 오래전 네팔 사람들은 이 산을 하늘 혹은 산봉우리라는 뜻이 담긴 '싸자마타'라는 이름으로 불렀고, 티베트 사람들은 '세계의 어머니'라는 뜻으로 '초모룽마'라고 불렀지.

고모	우연이긴 하지만, 윤재가 지구에서 산맥이 생겨난 과정을 보여 주었네. 지구의 표면을 이루는 지각은 여러 개의 판으로 되어 있어. 그중 인도·오스트레일리아 판이 유라시아 판 밑으로 파고들어서 히말라야산맥이 생겼지. 공책이 케이크를 밀어서 평평했던 빵이 위로 솟은 것처럼 말이야.
윤재	세계에서 제일 높다는 에베레스트산이 있는 곳이 히말라야산맥 맞지?
고모	그래. 8000미터 이상의 높이를 가졌다는 14개의 봉우리가 모두 히말라야산맥에 있어. 지금도 히말라야산맥은 해마다 조금씩 높아지고 있다고 해.
희원	고모, 지진과 화산 활동도 지각이 움직여서 생기는 거지?
고모	맞아. 지각이 충격을 받아 땅이 흔들리는 것이 지진이야. 화산은 지구 내부에 있던 뜨거운 마그마가 지각이 약해진 틈을 뚫고 나오거나, 하나의 판이 다른 판 밑으로 미끄러져 내려가 녹은 뒤에 폭발해서 생긴 거고.
윤재	몇 년 전에 일본에서 엄청난 쓰나미가 발생했잖아. 쓰나미가 정확히 뭐야?
고모	지진 해일을 말해. 바다 밑에서 일어나는데, 이때 바닷물이 크게 일어서 육지로 넘쳐 들어오는 거야. 2011년 일본 해역에서 일어난 지진 해일로 일본 동해안에 있던 도시들이 큰 피해를 입었고 후쿠시마 원전이 폭발해 방사능이 유출되었지.
윤재	왜 일본은 다른 나라보다 지진이 자주 발생하는 거야?

지구 공의 특별한 이야기 **39**

세계의 조산대와 판의 이동

지구의 지각을 이루는 판들이 서로 충돌하는 곳에서는 화산과 지진 활동이 자주 발생해요. 지각의 이동은 산맥을 만들기도 해요. 지각이 여러 가지 방법으로 움직여서 산맥을 만드는 것을 조산 운동이라고 하고, 조산 운동이 있었거나 일어날 가능성이 있는 지역을 조산대라고 해요. 세계에는 2개의 큰 조산대가 있어요. 히말라야산맥과 알프스산맥을 묶은 알프스·히말라야 조산대와 안데스산맥과 로키산맥을 포함한 태평양 주위를 둘러싼 환태평양 조산대예요. 조산대는 판의 경계와 일치해요.

지진의 규모
지진의 크기는 규모로 나타내. 규모를 처음 사용한 미국의 지질학자 리히터의 이름을 따서 '리히터 규모'라고 하지. 규모가 1.0 증가할 때마다 지진의 에너지는 30배씩 증가해. 규모 3.5의 지진은 기록은 되지만 느낌이 없어. 규모 5.5~6.0의 지진이 일어나면 벽에 균열이 생기며 서 있기가 힘들고, 규모 8 이상의 지진은 모든 것을 파괴하는 수준이야.

고모   그 이유는 일본 땅이 필리핀판, 유라시아판, 태평양판 이렇게 3개의 판이 만나 움직이는 곳에 위치했기 때문이야.

윤재   그럼 무서운 쓰나미를 막을 수는 없어?

고모   자연의 거대한 힘을 막을 수는 없지만 피할 수는 있지. 미국도 지진 해일 때문에 무척 힘들었던 나라인데, 지금은 지진 해일 경보 센터를 잘 운영해서 만일의 사태에 늘 대비하고 있다고 해.

희원   지진이 자주 발생하는 곳에서 살면 불안할 것 같아. 다른 곳으로 이사 가고 싶지는 않을까?

고모   그래도 사람들은 대대로 살아온 땅을 지키며 살고 있어. 지진과 화산이 발생했던 땅은 비옥해서 식물이 잘 자라고 지열이 높아 전력 생산이 쉽기도 해. 화산 활동이 잦은 아이슬란드와 뉴질랜드도 지열을 잘 사용하고 있는 나라지. 화산 지형이 만든 멋진 경치와 온천 등으로 관광 산업이 발달한 곳도 있어.

윤재   그래서 일본으로 온천 여행 가는 사람이 많구나. 그런데 고모, 세계에서 제일 긴 강은 어디야?

고모   예전에는 아프리카 대륙의 나일강이라고 했지만 지금은 남아메리카 대륙을 횡단해서 흐르는 아마존강이라고 보고 있어. 강은 물줄기가 처음 시작되는 발원지가 어디냐에 따라 길이가 달라져. 세 번째는 중국의 황허강, 네 번째는 미국의 31개주를 지나는 미시시피강이야. 중부 유럽 최대의 강인 라인강은 알프스산맥을 시작으로 스위스, 오스트리아, 독일, 프랑스, 네덜란드 등의 나라를 지나가는데, 그중 독일을 흐르는 부분이 가장 길어서 독일을 대표하는 강으로 잘 알려져 있어. 얘들아, 아시아에도 라인강처럼 여러 나라에 영향을 주는 큰 강이 있는데 지도를 보고 찾아봐.

세계의 강과 4대 문명

강 주변에는 비옥한 땅이 있어 사람들이 살기에 좋았어요. 그래서 일찍부터 문명이 발달했어요.

이집트 문명: 나일강 주변에 발달한 문명이에요. 하류의 땅이 매우 기름지고, 주변이 사막과 바다로 둘러싸여 외적이 쉽게 침입하지 못해서 오랫동안 발전할 수 있었지요.

메소포타미아 문명: 티그리스강과 유프라테스강 사이에서 발달한 문명이에요. 인류가 처음 농경을 시작했던 곳이지요.

인더스 문명: 히말라야산맥의 눈이 녹아 흐르는 인더스강 주변에는 기원전 2500년 쯤 여러 도시가 생겼어요.

황허 문명: 황허강 주변에는 누런 황토가 쌓여 생긴 기름진 땅이 있어 곡식을 재배하기 좋았지요.

윤재	내가 찾는 데에는 진짜 도사지. 음……. 여기! 메콩강이야.
고모	빙고! 메콩강은 미얀마, 라오스, 타이, 캄보디아, 베트남을 지나지. 그럼, 너희들 흑룡강이라고 들어봤어?
윤재	감 잡았어. 흑룡, 백룡, 청룡. 왠지 중국 강 같은 냄새가 나. 킁킁.
고모	윤재야, 엄청 헛다리 짚었어. 러시아 강이야. 우리말로 흑룡강이라고 하고, 중국어로는 헤이룽강, 러시아어로 아무르강이라고 하지. 고구려 시대부터 일제 강점기까지 우리 역사와 관계가 깊은 강이야. 11월부터 여섯 달 가량이나 얼어 있지.
희원	찍기 선수 윤재가 이번에는 완벽하게 틀렸군.
고모	그런데 말이야. 지구에는 지금까지 이야기한 산맥이나 강이 있는 대륙보다 훨씬 넓은 면적의 바다가 있어. 그래서 우주에서 보면 지구는 푸른 별이지. 태평양 속에는 에베레스트보다 더 깊은 마리아나 해구가 있다고 해. 해구는 바다 밑바닥에 있는 좁고 깊은 골을 말하는데, 깊이가 6000미터가 넘어. 눈에 보이지 않는 것이 더 많은 신비로운 지구 별, 정말 흥미롭지 않니?

고모는 아주 오래전 지구의 대륙이 한 덩이였다가 판들이 움직이면서 지금과 같은 모습이 되었다고 했어요. 앞으로 수백 년 수천 년 후에 지금과 다른 대륙의 모습을 상상하면 정말 놀라운 일이라고 눈을 반짝이며 말했어요. 우리는 고모의 말에 고개를 끄덕이면서 몰래 초콜릿 케이크를 먹고 있었어요. 모양은 뭉개졌지만 맛은 최고였지요.

대륙 이동설
독일의 지구 물리학자이자 기상학자인 알프레드 베게너는 먼 옛날 지구의 모든 대륙이 하나로 뭉쳐진 '판게아' 상태였고, 이 대륙들이 움직여서 지금과 같은 모습이 되었다는 대륙 이동설을 주장했어. 그의 주장은 서로 멀리 떨어져있는 대륙에서 같은 화석과 암석들이 발견되면서 증명되었지.

세계 지도를 그려 볼까?

세계 지도랑 좀 가까워졌니? 이번엔 세계 여러 나라에 대해 알아볼까?
지구촌에는 고유한 역사와 문화를 가진 수많은 나라들이 있지. 세계 땅을 익히며
그들만의 자연환경과 문화를 배우는 일은 우리가 사는 세상을 이해하는 데 꼭 필요해.
이제 쑨이 고모의 이야기를 들으며 세계 여행을 할 거야. 윤재의 단짝 친구인 진이도
함께한다고 하니 더 즐겁겠지? 우리 같이 눈을 크게 뜨고 천천히 세상을 느껴 보자.

영원한 중심을 꿈꾸는 중국

- 수도: 베이징
- 종교: 도교, 불교 등
- 언어: 중국어

니하오!
중국 국기에는 붉은색 바탕에 노란색 큰 별이 1개, 작은 별이 4개 이렇게 5개의 별이 있어. 그래서 '오성홍기'라고 해. 중국 사람들은 붉은색을 무척 좋아해서 곳곳에 사용해. 여기서는 사회주의 혁명을 나타내지. 별들은 공산당을 비롯하여 노동자와 농민, 지식인, 애국적 자본가 등을 말하는데, 노란색인 것은 황인종이라는 뜻이래.
중국의 정식 명칭은 중화 인민 공화국이야. 중화라는 말에는 중국이 세계 중심이라는 뜻이 담겨 있어. 자부심으로 똘똘 뭉쳐 있는 중국에 대해 알아보자.

기다리고 기다리던 방학이 이제 겨우 시작인데 벌써부터 심심하단 생각이 들어요. 윤재한테 친구 진이를 불러서 셋이 보드게임이나 하자고 해야겠어요. 벌써부터 윤재가 좋아할 모습이 훤히 보여요. 요즘 세계 여행 보드게임에서 여러 나라에 별장을 짓고 건물도 사는 재미에 푹 빠졌어요. 윤재도 고모만큼 세계 여행을 좋아하나 봐요.
그런데 갑자기 윤재가 호들갑이었어요. 무슨 급한 일이 생겼나?

윤재　누나, 누나! 정말 큰일이 있어! 방금 뉴스를 봤는데 동시에 사람들이 뛰어서 높은 건물이 흔들렸대. 그래서 말인데, 중국은 인구가 많잖아. 그럼 중국 사람들이 모두 같은 시간에 뛰어올랐다가 내려오면 어떻게 되는 거야? 지진이 나지 않을까? 제발 중국 사람들이 그런 행동을 하지 말아야 할 텐데.

진　별걱정을 다 하네. 중국 사람들이 동시에 뛸 일은 없어.

윤재　그래도 혹시 모르잖아. 신기록을 세우기 위해서 같이 뛸 수도 있어.

희원　그런 일이 일어나도 지구는 안 흔들려. 걱정 붙들어 매서.

윤재　그럴까? 이참에 고모한테 중국에 대해 물어봐야겠다. 고모~!

고모　자, 고모 왔다. 방학 시작하자마자 고모를 불러 대는 이유가 뭐야?

희원　먼저, 왜 중국을 차이나라고 해?

고모　너희들 우리나라가 왜 코리아가 됐는지 알고 있지?

진　네. 알아요. 고려 때 서양과 무역을 하면서 서양인들이 그렇게 불렀기 때문이죠.

고모　진! 한국 역사 쪼끔 아는걸?

진　정답도 알아요! '차이나'라는 이름은 진나라 덕분이죠. 진나라는 중국 역사상 최초의 통일 국가였어요. 서양에 중국이 알려진 것도 진나라 때부터고요. 그때부터 중국을

중국이 붙인 나라 이름
중국은 주변 민족에게 자신들보다 못하다는 뜻의 이름을 붙였어. 우리나라는 동이, 즉 동쪽 오랑캐, 일본은 왜, 북방 민족은 북적. 동남아시아 민족은 남만이라고 불렀어. 모두 멸시하여 부르는 '오랑캐'란 뜻이 들어 있지.

중국을 들여다보자

중국은 친링산맥을 경계로 남북으로 나뉜다. 서쪽에는 티베트고원(시짱고원)과 타클라마칸 사막이 있고, 남쪽에는 히말라야산맥이 있다.

중국 북쪽에는 몽골고원이 있고, 고비 사막이 많은 부분을 차지한다. 좀 더 서쪽으로 가면 지구상에서 가장 건조한 사막 중 하나인 타클라마칸 사막이 있다.

북동부에는 몽골과 국경을 이루는 높은 지대가 있다. 남북으로 너비 400 킬로미터에 달하는 둥베이평원(만주평야)이 이곳에 펼쳐져 있다.

남서쪽의 티베트고원 주변 지역은 평균 해발 고도가 4000미터 이상이다. 그 아래로 '세계의 지붕'이라 불리는 히말라야산맥이 있다.

중국은 친링산맥을 기준으로 자연환경뿐 아니라 기후와 경제 활동도 나뉜다. 넓은 황토층이 있고 강수량이 풍부한 북쪽 지방에서는 밀농사를 짓고, 아열대성 기후가 나타나고 고원이 있는 남쪽 지방에서는 쌀농사를 짓는다.

남동부에는 해발 고도 200~600미터 높이의 완만한 구릉지가 많다. 이곳을 흐르는 양쯔강은 여러 계곡을 통과하며 비옥한 토양을 만든다.

아열대성 기후
여름에는 비가 많이 내리고, 겨울에는 비와 눈의 양이 적은 기후. 오렌지, 파인애플, 야자수, 같은 활엽수림이 잘 자란다. 우리나라에서는 제주도가 해당된다.

'진'이라 부른 것이 오늘날 차이나로 이어진 거죠.

고모   딩동댕. 황허 문명이 생긴 이래 중국에서는 약 5000년 동안 수많은 왕조가 흥망성쇠를 거듭했어. 그래서 중국 역사에는 지금의 중화 인민 공화국이 탄생하기까지 길고 긴 이야기들이 있지.

희원   난 중국 하면 일단 '크다'는 것이 가장 먼저 떠올라.

고모   그렇지. 중국은 남한 면적의 약 100배쯤 되고, 남한과 북한을 합한 우리나라 전체 면적보다는 약 44배나 커. 그만큼 지형이나 기후도 다양해. 땅이 넓은 나라들이 많지만 중국이 그런 나라들과 다른 점이 바로 표준시가 하나라는 거야. 중국은 '하나의 중국'이라는 원칙 아래 베이징 표준시 하나만을 사용하고 있거든. 예를 들어 동경 90°인 우루무치와 동경 120°인 베이징은 원래 2시간 차이가 나야 하지만 같은 시간을 쓰는 거지.

진   맞아요. 그래서 라디오에서 시간을 알릴 때는 항상 베이징 표준시 몇 시 몇 분이라고 얘기해요.

희원   같은 나라에서 시간 차이가 날 정도로 땅이 넓다니, 그럼 인구는 어느 정도야?

고모   중국 인구는 귀신도 모른다는 말이 있어. 왜냐하면 인구 조사를 하는 중에도 계속 아이가 태어나니까. 공식적인 인구는 2020년에 14억 4천여 명으로 단연 세계 1위였어. 중국 정부는 인구 문제 해결을 위해 한 가정 한 자녀 정책을 폈어. 아이가 하나뿐이다 보니 아이를 위해 모든 것을 쏟아붓는 부모들도 많아졌지. 그래서 이 아이들을 '작은 황제'라는 뜻으로 '소황제'라고 불렀어. 물론 지금은 인구 감소와 고령화를 염려해서 두 자녀 정책으로 바꿨어.

윤재   이제 보니 진이 너도 소황제구나?

진 그걸 이제 알았어? 지금이라도 알았으면 이 황제 말을 잘 들어.

희원 고모, 중국은 만리장성으로도 유명하잖아. 만리장성은 정말 우주에서도 보일까?

고모 그런 얘기가 있긴 한데, 2003년 중국 최초의 유인 우주 왕복선의 비행사에게 우주에서 장성이 보였냐고 묻자 보지 못했다고 대답했대. 그래도 뭐, 인간이 만든 가장 긴 건축물인 것은 사실이니까. 진나라 때 인구가 약 2천만 명이었는데 300만 명이 장성을 쌓는 데 동원됐대. 중국 사람들의 피와 땀이 배어 있는 셈이지.

진 중국에선 남자라면 꼭 만리장성에 올라야 한다는 말이 있어요.

고모 맞아. 그건 마오쩌둥의 말인데, 실제로 만리장성 들머리 한쪽 벽에는 '장성에 와 보지 않은 자, 사내대장부가 아니다'라고 적힌 현판이 있어.

윤재 고모, 진시황릉 얘기도 해 줘.

고모 사실 진시황릉 내부가 어떻게 생겼는지 정확하게 아는 사람은 없어. 아직 발굴이 다 되지 않았을 뿐더러 능원 규모만 해도 60만 평이 된다니까 말이야. '사기'라는 역사책에

흑해자(무호적자)
중국 정부가 1가구 1자녀 정책을 따르지 않은 가정에 불이익을 주자, 두 번째부터는 호적에 올리지 않는 아이들이 생겼어. '검은 아이'라고 불리는 이들이 법적 보호를 받지 못해서 따르는 문제들도 많았어.

진시황릉

마오쩌둥
중국의 정치가로 중화 인민 공화국 정부를 세운 사람이야. 나라를 이끄는 최고 지도자인 국가 주석을 지냈어.

《서유기》
중국 명나라의 장편 소설이야. 당나라의 현장법사가 타클라마칸 사막을 지나서 인도 대승 불전을 구하고 돌아온 사실에 허구를 더한 오승은의 작품이지.

따르면 진나라의 시황제의 명으로 죄인 70만 명을 동원해 땅을 팠다고 해. 능에 함부로 접근하는 사람들을 막기 위해 화살이 자동 발사되는 장치를 만들고, 독성이 있는 수은으로 내부에 강을 만들었다고도 쓰여 있어. 진시황릉이 있는 시안은 중국 제일의 역사 도시이자 실크로드의 출발지야. 진나라, 한나라, 당나라 등 중국 역사상 13개 왕조가 도읍으로 삼았던 곳이라 역사 유적이 많지.

진   시안에는 《서유기》에 나오는 현장법사가 인도에서 들여온 불경을 보관하기 위해 세운 탑도 있어요.

고모   시안이 과거의 중국을 담은 역사 도시라면 상하이는 현대의 중국을 상징하는 도시야. 상하이를 흐르는 황푸강 가에서 봤던 동방명주와 진마오 빌딩이 눈에 어른거리네. 동방명주는 높이가 468미터나 되는 텔레비전 송신탑이고, 진마오 빌딩은 88층짜리 고층 건물이야. 이처럼 화려한 현대식 건물이 늘어선 황푸강 동쪽 지역을 '뉴 상하이'라고

뉴 상하이

하고, 맞은편 황푸강 서쪽 지역을 '올드 상하이'라고 해. 올드 상하이에는 1872년에 세워진 옛 영국 총영사관을 비롯해서 중국은행, 허핑 호텔, 상하이 세관 등의 근대식 건물이 있지. 서양의 영향을 받은 옛 건축 양식을 보려고 건축학도들이 일부러 찾기도 해. 이곳은 '억만 불짜리 스카이라인'이라고 불리는데, 스카이라인은 대도시에서 하늘과 맞닿은 것처럼 보이는 건물의 윤곽선을 말해. 한때 이 고모가 오성홍기 휘날리는 억만 불짜리 스카이라인 아래를 걸어 봤다 이거야.

윤재 강을 사이에 두고 도시 이쪽은 뉴(new), 저쪽은 올드(old)로 부른다니 신기해.

희원 그런데 왜 거기 서양식 건물이 있어?

고모 거기엔 중국인들이 떠올리고 싶지 않은 사건이 있지. 1842년 아편 전쟁에 지면서 중국은 상하이를 외국과 통상할 수 있는 항구로 개방하게 되었어. 이때 영국과 프랑스, 미국이 상하이를 나눠서 차지하고 자신들만의 치외 법권 지역인 조계를 정해서 그 지역을 관할했어. 치외 법권이라는 것은 중국의 법이 영향을 미치지 못한다는 뜻이야. 상하이 임시 정부가 바로 상하이에 있는 프랑스 조계에 있어.

윤재 중국은 알면 알수록 모르는 것이 더 많아지는 나라 같아. 지금 이 시점에선 먹는 얘길 해 줘야 해.

고모 좋아. 여기서 고모가 여행 비법 하나를 공개하지. 외국에서 뭘 먹을지 고민될 때는 무조건 중국 음식점을 찾아라! 어딜 가도 중국 음식점은 꼭 있고 실패 확률도 적거든. 중국 음식은 지역마다 주로 사용하는 재료가 다르고 조리법도 달라서 개성이 분명해. 중국 음식을 두고 '하늘 나는 것 중에서 비행기만 빼고, 다리 넷 달린 것 중에서 의자만 빼고, 물속에 있는 것 중에서 잠수함만 빼고 다 먹는다'는 말이 있을 정도라니까.

희원 그런데 신문을 보니까 중국이 고구려 역사와 문화재도 자기들 거라고 하던데 우리가

다양한 중국 요리!

아편 전쟁
무역 적자를 만회하려던 영국이 중국 하층민들에게 아편을 팔았는데, 이에 중국이 아편 단속 정책을 펴자 일어난 전쟁이야. 전쟁에서 진 중국은 난징 조약 체결과 함께 홍콩을 영국에 내 줘야 했지.

동북 공정
'동북 변경 지역의 역사와 현상에 관한 체계적인 연구 과제'를 뜻해. 동북은 옛 고구려의 영토인 중국의 헤이룽장 성, 지린 성, 랴오닝 성 등 동북 지방 세 곳을 가리키고, 공정이란 말은 프로젝트란 말이야.

이렇게 가만히 있어도 되는 거야?

고모 음. 동북 공정을 말하는구나. 중국은 고구려 문화재들이 유네스코 세계 문화유산으로 등재된 뒤에, 고구려를 중국의 소수 민족 정권이라고 주장했지. 우리 정부와 시민 단체가 항의하자 문제를 해결하기 위해 함께 노력하자고 양국이 합의한 상태지만, 해결된 것이 아니라 잠시 잠잠해진 것이라고 봐야 해. 우리 모두가 계속 관심을 갖고 지켜봐야겠지.

윤재 뭐야, 이러다가 한중 관계 나빠지는 것 아냐? 그럼 진, 우리는 어떻게 되는 거지?

진 뭘 그런 걱정을……. 나라 사이와 상관없이 우정은 우정일 뿐이야.

윤재 당연하지. 나는 형, 너는 동생. 우리는 형제나 다름없지. 큭큭.

고모 중국은 일본과 영토 문제로 다투고 있기도 해.

희원 나 그거 알아. 댜오위다오 문제 말하는 거지?

진 아빠가 그러시는데, 중국과 일본 모두 잠수함과 구축함을 앞세워서 잘못하면 군사적인 충돌이 일어날 수도 있는 상황이래요.

고모 그러니까 어떻게 하면 중국, 한국, 일본 세 나라가 사이좋게 지낼 수 있는지 머리를 맞대고 생각해 봐야 해. 그리고 진짜 중요한 건, 이 고모가 가르쳐 주는 지리 얘기도 잘 듣고, 역사 공부도 제대로 해야 한다 이거야. 알았나!

중국 사람들이 좋아하는 용이 기지개를 켜듯 이제는 중국이 세계의 중심을 향해 떠오르고 있다고 해요. 중국 제품을 빼고는 살 수 없을 정도로 우리 생활 속 깊이 들어와 있기도 하지요. 오랜 역사 속에서 우리와 긴밀한 관계를 맺어 온 중국. 앞으로도 좋은 영향을 주고받는 든든한 친구가 되면 좋겠어요.

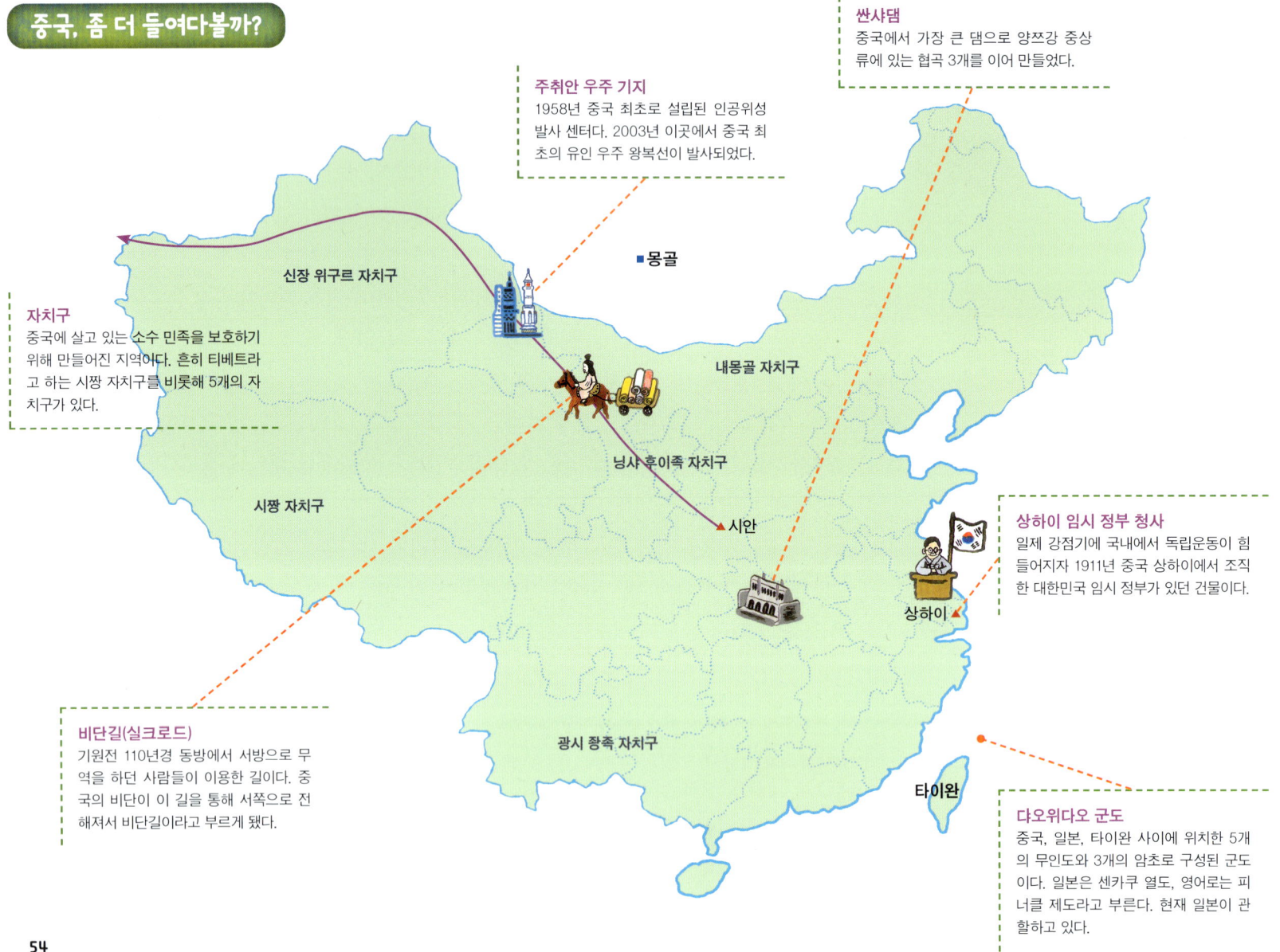

중국, 좀 더 들여다볼까?

주취안 우주 기지
1958년 중국 최초로 설립된 인공위성 발사 센터다. 2003년 이곳에서 중국 최초의 유인 우주 왕복선이 발사되었다.

싼샤댐
중국에서 가장 큰 댐으로 양쯔강 중상류에 있는 협곡 3개를 이어 만들었다.

자치구
중국에 살고 있는 소수 민족을 보호하기 위해 만들어진 지역이다. 흔히 티베트라고 하는 시짱 자치구를 비롯해 5개의 자치구가 있다.

상하이 임시 정부 청사
일제 강점기에 국내에서 독립운동이 힘들어지자 1911년 중국 상하이에서 조직한 대한민국 임시 정부가 있던 건물이다.

비단길(실크로드)
기원전 110년경 동방에서 서방으로 무역을 하던 사람들이 이용한 길이다. 중국의 비단이 이 길을 통해 서쪽으로 전해져서 비단길이라고 부르게 됐다.

댜오위다오 군도
중국, 일본, 타이완 사이에 위치한 5개의 무인도와 3개의 암초로 구성된 군도이다. 일본은 센카쿠 열도, 영어로는 피너클 제도라고 부른다. 현재 일본이 관할하고 있다.

지도를 그리며 놀자!

- 48쪽 지도를 보고 중국의 유명한 도시, 산맥, 사막, 강 등의 위치를 표시해 보세요.
- 중국의 명소에 스티커를 붙여 보세요.
- 지도를 색칠하고 꾸며 완성해 주세요.
- 퀴즈도 풀어 보세요.

중국의 경제 활동을 둘로 나누는 산맥의 이름을 써 보세요.

세계 지도 속 중국의 위치를 확인하세요

퀴즈!

① 중국에서 서방으로 이어지던 무역 길 이름은 무엇일까요?
② 우주에서 만리장성이 보일까요?

세계 지도를 그려 볼까? **55**

열도 **일본**을 들여다보자

- 수도: 도쿄
- 종교: 불교, 신도 등
- 언어: 일본어

곤니치와!
흰 바탕에 붉은 원을 그린 일본 국기는 일장기라고 부르는데,
'해의 원'이라는 뜻을 가지고 있어. 붉은 원은 일본 신화에 나오는 태양신
아마테라스 여신을 상징해. 일본은 위도 23.5°에서 66.5° 사이에
위치하고 바다의 영향을 많이 받아서 온화하고 비가 많이 내리는 온대
다우 기후가 나타나. 일본에 사는 사람들은 90퍼센트가 일본족이고,
나머지는 홋카이도에 살았던 아이누족이야.
우리나라와 거리도 가깝고 같은 시간대를 사용하는 일본에 대해서
알아보자.

뉴스에서 한일전 축구 경기가 있을 예정이라고 했어요. '축구'라는 단어만 나오면 좋아하는 윤재는 달력에 빨간 동그라미를 그리고 '대한민국 Fighting'이라고 썼지요.
스포츠에서 한일전은 시청률도 으뜸이래요. 우리나라 사람들은 왜 유독 일본과의 경쟁에서 지기 싫어하는 걸까요? 어, 그런데 고모가 왜 한겨울에 붉은 악마가 그려진 반팔 티셔츠를 입은 거지?

윤재   히히. 까만 얼굴에 빨간 옷을 입으니까 수박 같다.

고모   요 녀석, 감히 고모를 놀리다니. 나처럼 까만 피부를 가진 건강 미인들은 역시 빨간색이 잘 어울린다니까. 이 티셔츠는 내가 더운 나라로 여행갈 때마다 우리나라를 홍보하기 위해 10년 동안 입어 온 골동품이지.

진   쑨이 고모, 한일전 축구 경기를 하는 날이면 곳곳에서 함성이 들려요. 한국 사람들은 정말 '한일전'에 관심이 많은 것 같아요.

고모   맞아. 일본은 우리나라와 지리적으로 가까워서 이웃 같은 나라지만 마음속에 늘 경계심을 갖게 하는 나라이기도 해. 얘들아, 일본에 대해 어떤 것을 알고 있니?

희원   열도라고 배웠어.

고모   그래. 일본은 홋카이도, 혼슈, 시코쿠, 규슈 이렇게 4개의 큰 섬과 3500여 개의 많은 섬들이 길게 줄지어 늘어서 있는 열도야. 남쪽에서 북쪽까지 총 길이가 2500킬로미터가 넘어. 4개의 큰 섬은 바다를 건너지 않고도 갈 수 있도록 서로 연결되어 있어. 일본 땅은 북한을 뺀 우리나라보다 약 3배 더 크고 열도를 중심으로 태평양, 동중국해, 동해, 오호츠크해에 둘러싸여 있지.

윤재   그리고 일본에는 후지산이 있어!

고모   맞아, 후지산은 일본을 대표하는 산이야. 산꼭대기가 한여름만 빼고 늘 눈에 덮여 있어.

후지산

일본을 들여다보자

일본은 4개의 큰 섬과 그 밖의 작은 섬들로 이루어진 나라이다. 환태평양 조산대에 속하기 때문에 화산이 많고 지진이 자주 일어난다.

혼슈
일본에서 가장 큰 섬이다. 북부의 큰 산맥 3개가 중부의 히다산맥, 기소산맥, 아카이시산맥으로 이어지는데 이를 일본 알프스라 한다. 일본에서 제일 높은 산인 후지산이 있고, 동쪽으로는 간토평야가 넓게 펼쳐져 있다.

홋카이도
일본에서 가장 북쪽에 있는 섬이다. 높은 산지와 낮은 구릉이 모두 울창한 산림으로 덮여 있다. 원래 이 섬은 '아이누'라는 원주민들이 거주하던 지역이었지만 메이지 유신 이후 일본 땅이 되었다.

아이누족
일본 홋카이도와 러시아 사할린 및 쿠릴 열도에 사는 소수 민족이다. 눈이 깊고 코가 오똑하며 몸에 털이 많다.

규슈
4개의 큰 섬 중 가장 남쪽에 있는 섬이다. 중심에 규슈산맥이 있고, 북서부에는 구릉과 넓은 평야가 있다. 북동부와 남부에는 화산이 많아서 용암 고원과, 화산재가 쌓여 이루어진 넓은 퇴적층이 발달했다.

시코쿠
일본을 이루는 4개의 큰 섬 중 가장 작은 섬으로 산맥이 동서로 뻗어 있다. 주민의 대부분은 세토나이카이해 연안에 있는 비옥한 토지에 산다.

난세이 제도
규슈섬에서 타이완까지 흩어져 있는 열도이다.

휴화산이라서 아직도 가끔 분화구에서 가스와 연기가 새어 나온대. 일본은 국토의 70퍼센트 이상이 산지로, 해발 2000미터가 넘는 산들이 500개 이상 있어. 이처럼 산이 많고 하천의 길이도 짧은 편이라서 일본 사람들은 대부분 평지나 해안가에 모여 살아왔어.

희원 고모, 일본은 지각 판이 만나는 곳이라 지진이 자주 일어난다고 했었지?

고모 기억하는구나. 일본은 서쪽의 유라시아판과 남쪽의 필리핀판, 동쪽의 태평양판이 만나는 곳에 위치해 있어서 지진이나 화산 활동이 자주 일어나. 언제든 활동이 가능한 화산을 활화산이라고 하는데 전 세계의 활화산 중 10퍼센트가 일본에 있어. 화산 활동이 잦은 지역에서는 썩은 달걀 냄새 같은 유황 가스가 많이 나와. 온천이 발달해서 관광객들이 즐겨 찾지.

> 윽! 썩은 달걀 냄새.

> **삼종신기**
> 일본 신화에는 태양신 아마테라스와 바다와 폭풍의 신인 스시노오가 나오는데, 일본인들은 이 신들이 갖고 있었던 칼과 거울, 구슬(삼종신기)을 가져야 종교와 정치를 다스릴 수 있다고 믿어 왔어. 지금도 이 세 가지는 일본 왕가의 신성한 물건으로 여겨지지.

진　　작년 겨울에 가족과 일본 여행을 갔을 때 가이드 아줌마에게 들은 이야기예요. 깊은 욕조에 몸을 담가 목욕하는 것을 좋아했던 옛날 일본 사람들은 하루에 한 번 물을 받아 제일 웃어른부터 차례로 목욕을 했대요. 손님이 오면 가족보다 먼저 목욕물에 들어가고요.

윤재　와, 일본 사람들은 물도 함부로 쓰지 않는구나.

희원　고모, 우리나라와 달리 일본에는 일왕이 있잖아. 그럼 일왕이 나라를 다스려?

고모　아니. 현재 일본은 의원내각제로 국회와 내각이 나랏일을 하고 있고, 일왕은 상징적인 존재야. 정치적인 권한은 없다는 뜻이지. 예전에 일왕은 살아 있는 신과 같은 존재였고 정치에 관한 모든 결정권을 갖고 있었지만, 일본이 제2차 세계 대전에 패배하면서 일왕의 권력은 거의 사라졌어. 하지만 일왕의 존재는 건국에서 현재까지 일본인들을 하나로 뭉치게 한 힘이었고, 일본 사람들은 여전히 일왕을 존경해.

윤재　그럼 일왕은 지금 어디에 살아?

고모　도쿄 중심에 있는 고쿄라는 곳에 일왕과 그의 가족들이 살고 있어. 고쿄는 쇼군이 1590년부터 약 300년 동안 정치를 했던 곳이야. 지금은 일부 지역을 개방해서 나들이하기에 좋은 곳이 되었어.

진　　오바, 전 삿포로도 갔다 왔어요. '유키마쓰리'라는 눈 축제를 봤는데 큰 성이나 집을 진짜처럼 조각한 것이 엄청 크고 볼 만했어요.

윤재　'오바'는 또 뭐야? 오토바이의 준말이야? 이상한 말은 못 알아듣겠다고.

고모　윤재야, 오바는 일본어로 고모나 이모를 말해. 홋카이도에 있는 삿포로는 과거 일본인들이 '오랑캐의 땅'이라고 부르던 곳인데, 러시아를 견제하기 위해 메이지 유신 이후 자기네 땅으로 만들었어. 홋카이도는 일본 본토와는 기후가 많이 다르고 아름다운

삿포로 눈 축제

> **메이지 유신**
> 메이지 일왕을 중심으로 새로운 정부를 만든 1868년부터 1912년 사이의 변혁 과정을 말해. 일왕을 중심으로 한 중앙 집권 체제는 산업과 교육을 발전시켰고 서구식 근대화를 이루었지.

자연을 구경할 수 있어서 관광객들이 많이 찾는 곳이야. 영화 촬영지로도 인기가 좋지.

윤재 오바, 일본에 미국처럼 디즈니랜드가 있다고 들었는데 맞아?

고모 '도쿄 디즈니 리조트' 말하는 거지? 재미있는 것도 많고 일본 사람들의 손님을 대하는 친절한 태도가 돋보이는 곳이야. 흔히 일본의 모든 것을 짧은 시간 안에 보려면 도쿄에 가라고들 해. 메이지 유신 이후 130년이 넘는 시간 동안 수도였기 때문에 일본의 전통 문화는 물론, 세계적인 일본 기업과 최첨단 기술도 함께 볼 수 있어.
하지만 이 오바가 일본 여행 중에 가장 인상 깊었던 곳은 도쿄가 아니라 교토야. 교토는 일본 역사상 약 1000년 동안 수도 역할을 해 왔던 곳으로 일본의 천 년 고도라 불리는 곳이지. 작은 골목들에서도 일본 고유의 정신과 다양한 문화를 엿볼 수 있어. 유네스코 세계 문화유산이 무려 17개나 있는 도시이기도 해.

희원 오빠? 아니 오바, 야스쿠니 신사라는 말을 뉴스에서 자주 들었어. 어떤 곳이야?

고모 좋은 질문! 일본에는 왕가와 관련된 신궁이 있고, 그 외의 신을 모시는 신사, 석가모니를 모시는 불사가 셀 수 없을 정도로 많아. 도쿄에 있는 야스쿠니 신사는 메이지 유신 중에 사망하거나 일본의 근대화를 위해 노력한 사람들의 넋을 기리기 위해 세운 곳인데 여기에 제2차 세계 대전 때 죄를 지어 사형된 사람들을 모시고 참배를 하는 것이 문제가 되는 거야. 다른 나라를 침략한 전쟁을 뉘우치기는커녕 정당화하는 모습이니까.

윤재 잘못을 했으면 싹싹 빌어야지. 손가락이 발바닥이 되도록.

진 큭큭……. 너 진짜 웃긴다. 손이 발이 되도록 비는 거겠지. 오바, 원자 폭탄이 떨어진 도시가 어디였지요?

윤재 진, 이번엔 내가 한 수 가르쳐 주지. 바로 바로 그곳은 히로시마와 나가사키!

고모 오~ 윤재가 잘 아는데. 규슈 지방 북쪽에 위치한 나가사키는 옛날부터 한반도와 중국의

신사나 사당 입구에 2개의 기둥을 세워 만든 문을 도리이라고 해.

잠깐 일본사!
일본의 역사는 고대, 중세, 근세, 근대, 현대로 나눌 수 있는데, 근대인 메이지 시대에 일본이 우리나라를 식민지로 만든 을사조약(1904년)이 체결되었지. 일본사에서 현대의 시작은 다이쇼 시대(1912~1925년)이고 이때 제1차 세계 대전이 일어났어. 1937년 일본은 중국과 전쟁을 했고, 또다시 1941년 미국과 영국에 선전 포고를 하면서 태평양 전쟁을 시작했지. 하지만 1945년 8월 원자 폭탄을 맞으면서 전쟁은 끝이 났어.

문화가 들어오고 일본의 근대화가 이루어질 때 가장 먼저 서양의 문화를 받아들인 항구 도시야. 특히 17세기 무렵 일본의 도자기가 네덜란드에서 큰 인기를 얻자 네덜란드 상인들이 일본과 잦은 교역을 원했고, 이것이 일본의 개항을 앞당기게 되었다고 해. 나가사키에 있는 하우스텐보스라는 대규모 테마파크에 가면 네덜란드 도시를 그대로 축소한 모습을 볼 수 있어.

희원   고모, 히로시마는 어디에 있어?

고모   히로시마는 혼슈의 남쪽에 있어. 제2차 세계 대전 때 원자 폭탄으로 처음 피해를 입은 곳이야. 당시 원자 폭탄 때문에 반경 1킬로미터 내 8만 명의 사람들이 그 자리에서 죽었고, 70만 명 이상이 방사능 후유증으로 죽었다고 해. 히로시마에는 전쟁 당시 참혹함을 보여 주는 원폭 돔과 평화 기념 공원, '평화의 종'이 있고, 한국인들을 위한 희생자 위령비도 있어.

윤재   원자 폭탄으로 고통을 받은 사람들 사진을 본 적이 있는데 정말 끔찍하고 무서웠어.

고모   다시는, 절대로, 결단코, 일어나서는 안 되는 일이지.

진   윽, 전쟁 얘기하니까 슬픔이 파도처럼 밀려와요. 오바가 일본 얘기를 해 준다고 해서 내가 일본 기념품을 하나 가져왔는데, 이게 뭐게?

윤재   고양이야? 아니 원숭이네. 손오공이냐?

희원   일본 전통 조각품인 세 마리 원숭이잖아! 보지도 말고, 듣지도 말고, 말은 늘 조심하라는 의미의 원숭이들 말이야.

진   누나, 그런 의미가 있었어? 나는 모르고 샀는데.

고모   이 원숭이들은 일본 사람들의 생각과 행동을 잘 나타낸 인형으로 유명해. 자신과 관계 없는 일은 상관하지 말라는 일본인의 처세술을 잘 보여 주지.

히로시마 원폭 돔

세계 평화 행동의 날
1955년 핀란드 헬싱키에서 세계 68개국의 대표들이 모여 집회를 열고 히로시마에 원자 폭탄이 떨어진 8월 6일을 '군축과 핵무기 금지를 요구하는 세계 평화 행동의 날'로 결정했어.

윤재   이런, 큰일 났어. 큰일. 공부하다 보니 슬슬 배가 고프다 못해 아파 와. 고모, 일본 음식 중 기똥차게 맛있는 게 뭐가 있었어?

고모   일본을 여행할 때 최고의 음식은 라면이었어. 홋카이도의 삿뽀로 라면, 도쿄 라면, 후쿠시마의 기타카타 라면, 규슈의 하카타 라면을 일본의 4대 라면이라고 하지. 그중 닭 뼈로 국물을 낸 도쿄 라면은 추운 겨울에 먹으면 뼛속부터 뜨끈해지는 것이 정말 끝내준다고!

보지도 말고 듣지도 말고 말은 늘 조심하라.

일본의 대지진
1923년 도쿄 대지진(간토 대지진 혹은 관동대지진)은 규모 7.2의 강진이었어. 이때 돌았던 헛소문 때문에 조선인 대학살이 벌어지기도 했지. 1995년 고베 지진 또한 규모 7.2의 강진으로 전통 가옥들이 많이 파괴되었고, 고베에서 오사카를 연결하는 고속도로의 콘크리트 기둥이 붕괴되었다고 해. 2011년 일본 대지진은 혼슈 센다이 동쪽에서 발생한 무려 규모 9.0의 지진으로, 이때 쓰나미로 인해 해안가 도시들이 막대한 피해를 입었고, 후쿠시마에 있던 원자력 발전소의 방사능이 유출되었지. 과학자들은 이 지진으로 지구 자전축이 10센티미터 가량 이동했을 가능성이 있다고도 밝혔어.

고모와 윤재, 진이는 무슨 라면을 요리해 먹을까 가위바위보로 정하자며 목소리를 높였어요. 나는 그동안 지도에서 길게 뻗은 일본 열도를 보았어요. 일본은 태풍이 오면 한반도와 같이 영향을 받고 문화적 교류도 잦았던 친구 같은 나라예요. 하지만 독도를 두고 다케시마라고 주장하거나 일본 역사 교과서를 왜곡하는 일 등을 보면 왜 일본을 가깝고도 먼 나라라고 하는지 이해가 돼요. 경제 대국으로 알고 있었던 일본. 2011년 3월에 발생한 지진으로 엄청난 경제적 피해를 입었어요. 더구나 후쿠시마 원전 사고로 방사능이 유출돼 바다와 땅이 오염되었고, 10년이 지난 지금도 회복되지 못하고 있다고 해요. 일본이 여러 가지 문제를 어떻게 슬기롭게 헤쳐 나갈지 정말 궁금해요.

일본, 좀 더 들여다볼까?

삿포로 눈 축제
매년 2월에 삿뽀로에서 열리는 겨울 축제이다. 브라질의 리오 축제, 독일의 옥토버 축제와 더불어 세계 3대 축제다.

히메지 성
구마모토 성, 오사카 성과 함께 일본의 3대 성으로 꼽힌다. 14세기에 지어졌으며 흰 벽과 날개 같은 지붕이 백로를 닮아서 '백로 성'이라 불린다. 해자와 높은 담으로 둘러싸여 있다.

오사카 성
16세기 도요토미 히데요시 때 지어졌다. 장대한 돌담과 성을 둘러싸고 있는 해자가 유명하다.

히로시마 원폭 돔
원폭의 피해를 대표적으로 볼 수 있는 건물이다. 붕괴 위험이 있어 건물 외관만 볼 수 있다.

호류사
7세기에 만들어진 절로, 일본에서 가장 오래된 목조 건축물이다. 내부에 있던 고구려의 담징이 그린 벽화는 불타 없어졌지만, 다른 백제와 고구려의 유물들이 지금도 남아 있다.

이츠쿠시마 신사
신을 모시는 사당으로 12세기에 지어졌다. 바다 위에 세운 붉은 도리이는 밀물 때가 되면 마치 바다 위에 떠 있는 것처럼 보인다.

지도를 그리며 놀자!

- 58쪽 지도를 보고 일본의 유명한 도시, 산맥, 섬 등의 위치를 표시해 보세요.
- 일본의 명소에 스티커를 붙여 보세요.
- 지도를 색칠하고 꾸며 완성해 주세요.
- 퀴즈도 풀어 보세요.

일본에서 가장 큰 섬의 이름을 써 보세요.

세계 지도 속 일본의 위치를 확인하세요

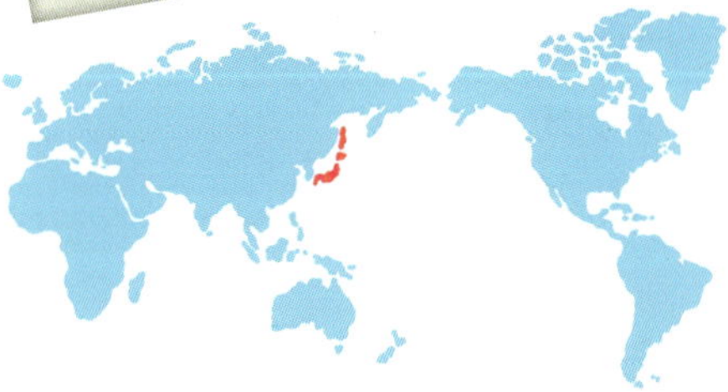

퀴즈!

① 일본은 유라시아판과 필리핀판과 < 　　　 판>이 만나는 곳에 있어요.

② 얼음 축제를 하는 도시는 어디일까요?

① 태평양판 ② 삿포로

일본

세계 지도를 그려 볼까? **65**

원주민의 땅에서 이주민의 나라로 미국

- 수도: 워싱턴 D.C.
- 종교: 개신교, 로마 가톨릭교 등
- 언어: 영어

하이!
미국의 정식 명칭은 아메리카 합중국이야. 미국은 여러 주들이 모여서 연방을 이룬 나라로, 주마다 각기 다른 법률을 가지고 있어. 미국 국기는 '성조기'라고 하는데 13개의 흰색과 붉은색 줄은 독립 선언 당시의 13개주를 의미해. 국기에 있는 별은 주가 추가될 때마다 늘어나서 현재는 50개야. 이 중에서 알래스카와 태평양의 하와이는 본토에서 떨어져 있지. 넓은 땅을 자랑하는 미국의 국토 면적은 우리나라 면적의 약 42배 정도라고 해. 땅이 넓은 만큼 표준시도 4개나 사용하고 있어. 그럼 광활한 대륙, 미국은 어떤 나라인지 알아볼까?

딩동 초인종 소리에 누굴까 하고 문을 열었더니 미국에서 국제 택배가 왔어요. 곧 외할머니 생신이라며 미국에 계신 외삼촌께서 보내신 거예요. 화장품, 커피, 옷, 책, 이젠 우리나라에도 수입이 돼서 살 수 있는 것들이지만 정성이 담겨 있었지요. 우리 주변을 살펴보면 외삼촌처럼 미국으로 이민을 갔거나 공부를 하러 간 경우를 많이 볼 수 있어요. 중국 다음으로 우리나라 사람들이 많이 산다는 미국. 거리는 멀지만 그만큼 우리나라와 가깝다는 얘기겠죠.
사회 시간에 미국의 역사가 200년이 조금 넘었다고 배웠어요. 처음 미국 땅은 지금처럼 넓지 않았다고 하던데, 역시 궁금한 건 고모한테 물어봐야겠어요.

고모   애들아, 고모가 어떤 인터넷 사이트에서 인디언 이름을 지어 봤더니 '말 많은 바람의 정령'이래. 어때 괜찮지? 언제나 부르면 바람처럼 달려와서 남김없이 알려 주고 가르쳐 주잖니. 정말 너희들은 행운아야. 이런 똑똑한 고모를 둬서.

윤재   어디로 불지 모르는 바람이긴 한데 말이 많다! 고모한테 완전 딱이야.

희원   고모, 인디언 하니까 미국이 생각나는데, 콜럼버스가 어떻게 미국 땅을 발견하게 되었는지 자세히 이야기해 줘.

고모   자, 말 많은 바람의 정령 얘길 들어 봐. 1492년 이탈리아 사람 콜럼버스는 에스파냐의 지원을 받아서 인도를 찾아 떠났어. 그 시절엔 아시아에서 나는 후추나 계피 같은 향신료와 비단이 유럽에서 비싼 값에 팔렸는데, 당시 오스만 제국이 지중해를 막고 아시아와의 무역을 독차지하는 바람에 아시아로 가는 다른 뱃길을 찾아야 했지. 서쪽으로 가면 훨씬 더 빨리 인도에 도달할 거라고 생각했던 콜럼버스는, 유럽을 출발한 지 두 달이 지나서 지금의 미국 플로리다 근처 바하마 제도의 한 섬에 상륙했어. 그리고 그곳을 인도라고 생각하고는 원래 거기 살던 사람들을 '인디언'이라고 불렀어. 원주민들은

미국의 대통령 선거 제도
미국 대통령 선거의 특징은 각 주에서 1위를 한 후보가 그 주의 표를 모두 갖는다는 거야. 주민들은 먼저 각 주별로 배당된 선거인단을 직접 투표로 뽑고, 그 선거인단이 투표를 해서 대통령을 결정해. 예를 들어 어떤 주의 선거인단이 100명 있고 A라는 후보가 선거인단에게서 51표를 얻었다면, 그 주의 100표는 모두 A후보의 표가 돼. 이렇게 모든 주의 표를 종합해서 더 많은 선거인단의 표를 얻은 후보가 대통령이 되는 것이지.

미국을 들여다보자

미국 서쪽에는 로키산맥이, 동남쪽에는 애팔래치아산맥이 있다. 북쪽에는 오대호가 있고 중부에는 미시시피강이 흐른다.

알래스카

알래스카는 미국에서 가장 큰 주이다. 본토에서 떨어져서 캐나다에서 북서쪽으로 베링 해협을 사이에 두고 러시아의 시베리아와 가까이에 있다. 면적의 27퍼센트가 국립 공원이다. 산맥과 빙하, 산림이 아름답다.

캐나다의 브리티시컬럼비아에서 미국의 뉴멕시코까지 남북으로 약 4800킬로미터 길이로 뻗어 있는 북아메리카의 대표적인 산맥.

미국의 수도로 어느 주에도 속하지 않는 특별구.

캐나다 · 워싱턴 · 몬태나 · 노스다코타 · 오리건 · 미네소타 · 뉴햄프셔 · 메인 · 버몬트 · 아이다호 · 사우스다코타 · 위스콘신 · 뉴욕 · 매사추세츠 · 로드아일랜드 · 와이오밍 · 미시간 · 코네티컷 · 태평양 · 네브래스카 · 아이오와 · 시카고 · 오하이오 · 펜실베이니아 · 뉴욕 · 필라델피아 · 네바다 · 일리노이 · 인디애나 · 피츠버그 · 뉴저지 · 유타 · 콜로라도 · 캔자스 · 미주리 · 웨스트버지니아 · 델라웨어 · 메릴랜드 · 그랜드 캐니언 · 켄터키 · 워싱턴 D.C. · 애리조나 · 뉴멕시코 · 오클라호마 · 아칸소 · 테네시 · 버지니아 · 노스캐롤라이나 · 사우스캐롤라이나 · 미시시피 · 앨라배마 · 조지아 · 텍사스 · 루이지애나 · 대서양 · 플로리다 · 멕시코만 · 마이애미 · 바하마 제도 · 오대호 · 로키산맥 · 애팔래치아산맥 · 미시시피강

캘리포니아는 두 지각 층이 만나는 곳에 있어 지진의 위험이 있다. 온화한 지중해성 기후로 미국에서 농업 생산량이 많은 지역 중 하나이다.

동쪽 피츠버그를 시작으로 오대호와 노스다코타주까지의 중서부에서는 시카고가 대표적인 경제 중심지이다.

로키산맥 주변과 남서부 지역은 미국에서 자연 경관이 가장 뛰어나다.

남부는 기후가 따뜻해서 이전에는 대규모 농업이 성행했지만 지금은 제조업이 발전했다.

68

자신들과 다른 하얀 얼굴의 유럽인을 따뜻하게 맞고, 낯선 곳에 온 사람들이 잘 정착할 수 있도록 여러 가지를 도와줬지. 하지만 안타깝게도 원주민들의 이런 친절한 행동은 이후 재앙으로 돌아왔어. 유럽인과 함께 들어온 천연두와 홍역 같은 전염병으로 사람들이 죽기도 하고, 땅을 차지하려던 유럽인에 의해 목숨을 잃거나 서부의 거친 땅으로 쫓겨나 보호 구역에서 살아야 했으니까.

희원 정말 가슴 아픈 역사다. 원주민은 자신들이 살던 땅에서 쫓겨나고 새로 온 유럽인들이 땅 주인이 된 거잖아.

고모 미국은 이주민이 주축이 되어서 세운 나라지만, 지금은 여러 인종들이 섞여서 살고 있어. '지하철에 크로마뇽인이 앉아 있어도 모른다'는 말이 있을 정도야. 그래서 각각의 인종 나름대로 독특한 문화도 형성돼 있지. 최근에는 히스패닉계 인구가 급격하게 느는 추세야.

윤재 미국은 땅이 넓어서 국토 대장정 같은 걸 하려면 몇 달쯤 걸리겠지?

히스패닉
원래 로마인이 고대 이베리아반도와 그 지역 사람들을 일컫는 명칭이었지만, 현재는 에스파냐어를 사용하는 중남미계 미국 이주민과 그 후손들을 말해.

고모　미국 서쪽에서 동쪽까지는 약 5000킬로미터야. 경도로는 55도 정도가 차이 나. 경도 1도마다 4분 정도의 시간 차이가 나니까 약 3시간 반이나 차이가 나지. 이처럼 땅이 넓다 보니 크게 6개 지역으로 나눠 볼 수 있어.

희원　북극에 가까운 알래스카부터 적도에 가까운 플로리다까지, 정말 대단해요.

고모　미국은 땅에 있어서는 두말할 필요도 없이 장사를 아주 잘한 나라야. 대표적인 예가 바로 알래스카지. 한반도의 8배나 되는 땅을 1867년에 720만 달러, 현재 가치로 따지면 땅 한 평에 2원 정도에 샀으니까 엄청 싸게 산 게 맞지. 나도 여행만 다니지 말고 이런 땅을 봐야 하는데 말이야. 당시엔 쓸모없는 땅을 샀다고 거래를 주도한 국무장관 윌리엄 스워드를 비꼬아 '스워드의 바보짓'이라고 비웃었대. 하지만 이후에 금, 구리 같은 광물들이 발견되고, 대규모 유전까지 발견돼서 한때는 알래스카가 미국에서 1인당 국민 소득이 가장 높은 주가 되기도 했어.

희원　바보짓이 아니라 '예쁜 짓'이었잖아. 태평양 한가운데 있는 하와이도 미국 땅이지?

고모　맞아. 원래 하와이는 원주민 왕이 다스리는 왕국이었어. 1778년 유럽인 최초로 제임스 쿡 선장이 하와이에 발을 들여 놓은 후에 영국과 미국 상선들이 드나들기 시작했고, 점점 백인의 영향력이 커지면서 결국 미국에 속하게 되었지. 하와이 하면 떠오르는 '알로하 오에'는 '안녕 당신'이란 뜻으로 하와이 왕조가 계속되기를 바라는 마지막 여왕이 만든 노래라고 해.

윤재　난 그랜드 캐니언이 어떻게 생겼는지 보고 싶어.

고모　그랜드 캐, 니, 언. 좋지! 마치 아주 스케일이 큰 남자 같은 느낌……. 이런, 공부하다가 이러면 안 되는데. 암튼 그랜드 캐니언은 그야말로 살아 있는 지질학 교과서이자 미국이 얼마나 광활한 나라인지를 보여 주는 곳이야. 미국 서부 로키산맥과 워새치산맥으로

그랜드 캐니언 같은 남자 어디 없나.

그랜드 캐니언

둘러싸인 콜로라도고원은 애리조나, 유타, 콜로라도, 뉴멕시코주에 걸쳐 있는 넓은 땅이야. 이곳을 흐르는 콜로라도강에 의해서 그랜드 캐니언이 만들어졌다고 할 수 있지.

미국

희원   어떻게?

고모   그랜드 캐니언은 단단한 땅이어서 비가 내리면 보통은 물이 토양에 스며들지 않고 흘러가는데, 홍수 때는 하천 바닥에 퇴적된 바위까지도 쓸어 갈 정도로 물살이 세서 이 물살에 강바닥이 깎이고 강의 너비도 넓어진 거야. 그랜드 캐니언을 구성하는 협곡은 길이 400킬로미터, 폭 6~30킬로미터, 평균 깊이만도 1600미터나 된다고 해. 양쪽 벽을 살펴보면 여러 가지 색깔의 지층이 드러나 있는데 약 20억 년에 걸쳐서 생성된 걸로 추정된대.

윤재   정말 그랜드~하구나.

고모   콜로라도주에 그랜드 캐니언만 있느냐, 그럼 섭섭하지. 리틀 그랜드 캐니언으로 불리는 메사 베르데 국립 공원도 있어.

희원   아! 절벽 궁전. 미국 최초의 세계 문화유산이지? 어린이 잡지에서 본 적 있어.

고모   빙고! 메사 베르데는 에스파냐 말로 '푸른 대지'라는 뜻이야. 이 지역의 특징인 넓고 평탄한 지형 때문에 이런 이름이 붙여졌어.

진   그런데 왜 작은 그랜드 캐니언이에요?

고모   그랜드 캐니언보단 작지만 멋진 자연 풍광이 닮았기 때문이지. 그중 백미는 숲으로 둘러싸인 메사 베르데의 골짜기에서 발견된 절벽 궁전이야. 절벽을 이룬 커다란 바위

안쪽을 깊게 파서 벽돌과 돌로 지은 반지하 형태의 공동 주택이라고 이해하면 돼. 4층 구조로 방이 200여 개가 넘는데, 햇볕이 잘 드는 곳에는 주거 공간과 종교 의식을 치렀던 공간을 만들었어. 이곳은 아메리카 원주민 '아나시족'이 살던 곳이야. 미국 원주민의 역사와 그들의 지혜, 특히 있는 그대로의 환경을 얼마나 잘 활용했는지를 잘 보여 주고 있지.

윤재   절벽에 집을 만들었다니 대단해.

희원   가장 큰 특징은 계단과 통로가 없다는 점!

진   뭐야, 그럼 어떻게 다녀?

희원   필요할 때마다 사다리를 꺼내서 쓴대.

고모   얘들아, 미국을 상징하는 대표적인 세계 문화유산이 뭔지 맞혀 봐.

윤재   에이~ 고모, 자유의 여신상이잖아.

진   프랑스가 미국의 독립 100주년을 축하하기 위해 만들어 줬다, 그 정도는 상식이죠.

고모   간만에 아는 게 나왔구나. 자유의 여신상이 뉴욕 앞바다 리버티섬에 자리 잡기까지는 우여곡절이 많았어. 파리의 에펠 탑을 만든 구스타브 에펠도 제작에 참여했는데 동상의 크기가 높이 46미터, 무게 255톤에 달해서 300개가 넘는 조각으로 나눠서 운반했대. 오른손에 든 횃불은 자유의 빛, 왼손에 든 책은 미국 독립 선언서를 상징해. 자세히 보면 쇠사슬을 밟고 있는데 이건 노예 제도 폐지를 의미하고, 왕관에 있는 가시는 전 세계 대륙과 바다를 뜻한다고 해. 자유의 여신상 벽에는 '자유를 바라는 그대여, 가난에 찌들어 지친 이여, 나에게 오라. 고난에 처해 의지할 곳 없는 자들이여, 나에게 오라. 나는 황금의 문가에서 횃불을 들리라'는 글귀가 새겨져 있어. 이처럼 자유와 희망의 메시지를 갖고 있기 때문에 사람들이 좋아하는 거겠지. 아, 배 타고 자유의 여신상 보러 가던 때가 그립구나. 나에게 여행의 자유를 달라.

진　윤재야, 우리 만리장성 다음으로 자유의 여신상부터 올라가 보는 건 어떨까?

윤재　그래, 그것도 꽤 괜찮을 것 같아. 학교에 안 가도 되는, 학원에 빠져도 되는 자유를 찾아서 우리도 콜럼버스처럼 미국으로 가는 거야. 그래 결심했어!

미국 독립 기념일
미국이 영국으로부터 독립을 선포한 날이야. 1776년 7월 4일에 필라델피아에서 열린 대륙 회의에서 미국의 독립 선언서가 만장일치로 채택된 것을 기념해 제정되었어.

아메리칸드림
계급에 따라 신분이 정해진 유럽을 떠나 미국으로 이주한 사람들은 신분 없는 사회를 꿈꿨어. 태어날 때의 신분이 아니라 노력에 의해 누구나 성공할 수 있어서 미국은 기회의 땅이자 꿈꿀 수 있는 땅이라 불리게 되었지.

갑자기 자유의 여신상에 올라가 보겠다는 윤재와 진이는 벌써 미국 땅에 간 것처럼 들떴어요. 자유의 여신상이 있는 리버티섬까지 뗏목을 만들어 타고 가자, 아니면 수영을 해서 가자는 둥 옥신각신이에요. 고모는 미국이 기회와 희망이 있는 곳이라고 했어요. 태어나면서부터 신분이 정해지는 차별도 없고, 노력에 따라서 새로운 삶을 살 수 있으니까요. 그래서 지금도 많은 사람들이 꿈을 좇아 미국으로 이민을 오고 있대요. 민주주의의 나라인 만큼 개개인이 자유롭지만 또 그만큼 다른 사람의 자유 역시 소중히 여기고 존중해야 한다는 걸 배울 수 있는 곳인 것 같아요. 그나저나 윤재와 진이는 마치《톰 소여의 모험》속 톰과 허클베리 핀이 된 듯 벌써 뗏목 만드는 방법을 찾고 있네요. 너희들, 나도 데려가야 해.

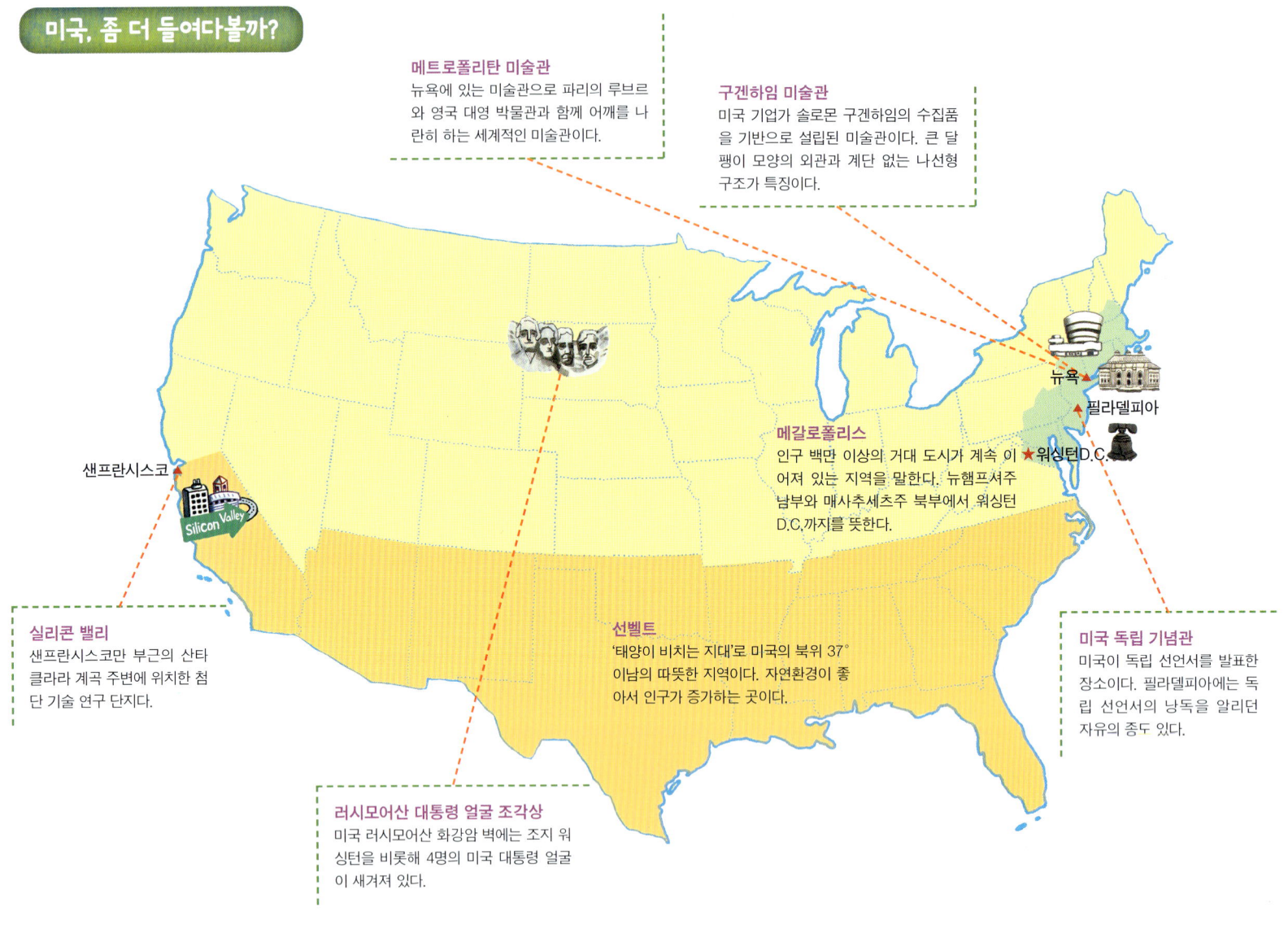

지도를 그리며 놀자!

- 68쪽 지도를 보고 미국의 유명한 도시, 산맥 등의 위치를 표시해 보세요. 주의 이름도 써 보세요.
- 미국의 명소에 스티커를 붙여 보세요.
- 지도를 색칠하고 꾸며 완성해 주세요.
- 퀴즈도 풀어 보세요.

미국의 수도 이름을 써 보세요.

세계 지도 속 미국의 위치를 확인하세요

퀴즈!

① 프랑스가 미국 독립 100주년을 축하하기 위해 준 선물은 무엇일까요?
② 인구 백만의 거대 도시가 쭉 이어지는 지역을 뭐라고 부르나요?

시베리아 횡단 열차 타고 붉은 광장으로 러시아

- 수도: 모스크바
- 종교: 러시아 정교 등
- 언어: 러시아어

즈드랏스부이테!
러시아 국기는 18세기부터 사용되었어. 흰색은 고귀함과 진실, 자유와 독립을, 파란색은 정직, 헌신, 순수, 충성을, 빨간색은 용기, 사랑, 자기희생을 나타내. 러시아는 1922년부터 1990년까지 소비에트 사회주의 공화국 연방(소련)이었다가 1991년부터 공식 국가 이름이 러시아 연방이 되었어. 대부분의 지역에서 겨울은 길고 매우 추우며 여름은 짧고 무척 더운 대륙성 기후가 나타나. 화산, 툰드라, 타이가 등 다양한 지형과 식생을 갖고 있기도 해. 인구의 약 80퍼센트를 이루는 러시아인 외에도 타타르인, 우크라이나인 등 90여 족의 다양한 민족이 어우러져 살고 있어.
땅이 크고 넓어 표준 시간대가 11개나 되는 러시아에 대해 알아보자.

아침밥을 먹으면서 엄마가 신문에서 본 시베리아 횡단 열차에 대해 이야기했어요. 러시아 동쪽의 큰 항구 도시 블라디보스토크를 출발하는 이 열차가 쉬지 않고 달려도 수도인 모스크바까지는 6박 7일이 걸린다고 해요. 약 9300킬로미터를 가는 세계 최장 철도라서 거치는 역만 해도 76개가 된대요. 이 기차를 타고 함께 먹고 자고 놀면 처음 만나 서먹했던 사람들도 모두 친구가 될 수 있을 거예요.

러시아

희원   고모는 시베리아 횡단 열차 타 본 적 있어?
고모   아니. 근데 뜬금없이 웬 열차 타령? 오늘은 러시아에 대해 알고 싶어?
진   러시아라면 차이코프스키의 음악 '백조의 호수'나 인류 최초로 우주 비행에 성공한 우주 비행사 유리 가가린과 나무 인형인 마트료시카를 알고 있어요.
고모   진이가 러시아에 관심이 많았구나. 시베리아 횡단 열차를 탄 적은 없지만 러시아에 대해 가르쳐 줄 순 있어. 러시아의 면적은 1709만 8242제곱킬로미터나 돼. 남한과 북한을 합친 우리나라보다 무려 77배가 크지. 유럽과 아시아 대륙을 통틀어 '유라시아'라고 하는데 유라시아 북부에 위치한 러시아는 세계에서 가장 땅이 넓은 나라야.
윤재   77배라니 어마어마하다. 그럼 사람들도 많이 살겠네.
고모   그렇지는 않아. 일 년 내내 얼어붙은 땅이 반이 넘어서 사람들이 살기에 적합하지 않거든. 그래서 넓은 영토에 비해 인구는 많지 않고, 대부분의 러시아 사람들이 모스크바나 상트페테르부르크같이 유럽과 가까운 도시에 살고 있어.
진   고모, 모스크바는 아는데 상트페테르부르크는 처음 들어 봤어요.
고모   좀 그렇지? 러시아 대륙 중앙에서 서쪽으로 이동하면 북쪽에서 남쪽까지 길게 뻗은 우랄산맥이 보일 거야. 유럽과 아시아의 경계선이면서 유러피언 러시아와 시베리아를

시베리아 횡단 열차
1886년 아시아와 가까운 러시아 동부와 유럽과 가까운 러시아 서부를 연결하여 무역을 장려하고 영토를 보호하기 위한 목적으로 만들었어. 러시아 극동, 시베리아 평원, 바이칼 호수, 유러피언 러시아를 횡단하기 때문에 관광 상품으로 인기가 좋아.

러시아를 들여다보자

우랄산맥을 기준으로 유럽과 가까운 쪽을 유러피언 러시아라 한다. 러시아 중심에는 넓은 시베리아가 있고, 동쪽에는 극동 지역과 반도 및 섬들이 있다.

우랄산맥 동쪽의 시베리아에는 오비강, 바이칼호 등 강과 호수가 많다. 겨울에 영하 35도까지 내려가고 여름에 영상 35도까지 올라가는 뚜렷한 대륙성 기후가 나타나는 지역이다.

동유럽 평원과 볼가강이 있는 서북부는 인구가 가장 많은 지역이다. 대표 도시로 모스크바와 상트페테르부르크가 있다.

캄차카반도는 쿠릴 열도가 지나가는 거대한 반도로 세계 화산의 10퍼센트가 여기에 있다.

사할린은 오호츠크해와 동해 사이에 크고 작은 섬들로 이루어진 곳이다. 목재와 석탄이 풍부하다.

흑해 연안에 위치한 도시로 겨울에도 따뜻해서 휴양 도시로 유명하다.

서남부는 흑해, 카스피해와 닿아 있으며 카프카스산맥이 있다.

러시아 극동 지역에는 캄차카반도, 사할린 등이 있고, 아무르강과 우수리강이 흐른다. 하바로브스크와 항구 도시 블라디보스토크가 대표 도시다.

나누는 산맥이지.

윤재 　앗싸, 여기 우랄산맥 있다. 진이보다 내가 먼저 찾았어.

고모 　러시아는 마냥 추울 것 같지만, 흑해 연안에 있는 도시들은 따뜻해. 가장 유명한 곳은 2014년 동계 올림픽 개최지인 소치야. 온화한 아열대 기후라서 3월부터 10월까지 해수욕을 할 수 있지. 눈이 많이 오지만 그래도 비교적 따뜻한 겨울 날씨를 즐길 수 있다고 해. 추위에 지친 러시아 사람들이 최고의 휴양지로 꼽는 곳이야. 이 몸도 바닷물에 몸을 푹 담그고 때 좀 팍팍 밀고 싶구나. 희원아, 공부 끝나면 우리 목욕탕 가서 서로서로 등 밀어 주자. 어때?

희원 　고모는 등이 너무 넓어서 내가 손해야.

고모 　사랑하는 조카한테 이런 말을 듣다니. 흑흑. 땅이 넓은 러시아는 식생대도 다양해. 북극해와 가까운 곳에는 지의류나 이끼류가 자라는 툰드라 지대가 있고, 그 아래에는 침엽수림이 자라는 타이가 지대가 있지. 또 그 아래에는 비교적 기후가 온화해서 나무와 풀이 우거진 스텝 지역과 남쪽에는 높은 산들과 사막이 있어.

희원 　툰드라와 타이가는 자꾸 헷갈려.

고모 　잘 외울 수 있는 비법을 하나 알려 주지. 타이가는 호랑이를 뜻하는 영어 단어 타이거와 비슷해. 호랑이는 숲속에 사니까 '타이가는 숲'이라고 기억하면 쉬워.

윤재 　오호, 그런 암기 비법이 있었구나! 그럼 툰드라는 '이끼 있드라'. 어때? 기막히지?

진 　음……. 난 뭐가 뭔지 모르겠는걸. 고모! 러시아에 가면 발레 공연을 실컷 볼 수 있어요?

고모 　그럼. '러시아의 심장'이라고 불리는 모스크바의 볼쇼이 극장과 문화의 도시 상트페테르부르크에 있는 마린스키 극장은 발레 공연으로 유명해.

윤재 　고모, 모스크바에 있는 붉은 광장은 이름처럼 정말 붉어?

러시아의 목욕법
러시아에는 피부에 꿀을 바르고 뜨거운 증기가 가득한 욕실에 들어가는 목욕법이 있어. 꿀이 피부에 스며들도록 나뭇가지로 몸을 두들기다가 나중에 찬물로 몸을 식히는 거지. 겨울에는 눈 위를 뒹굴며 몸을 식히기도 한대.

볼쇼이 극장
'크다'라는 뜻을 가진 볼쇼이 극장은 아주 웅장하고 멋진 곳이야. 1853년 대형 화재로 불탄 뒤 붉은색과 금색이 주를 이루게끔 다시 설계되었어. '백조의 호수', '호두까기 인형', '지젤' 등의 발레 공연을 볼 수 있어.

고모의 꼼꼼 노트

세계의 식생대

어떤 땅에서 살고 있는 식물의 상태를 '식생'이라 하고 같은 식생이 모여 있는 것을 '식생대'라고 해요. 식생은 지형, 땅의 성질 등의 영향을 받고 특히 기후의 영향을 가장 많이 받아요. 지구의 기후는 대체로 적도에서 극지방으로 갈수록 열대, 건조(사막), 온대, 냉대, 한대 순서로 나타나고 식생대도 그에 따라 다르게 나타나지요.

- **열대 기후 지역** - 열대 우림은 덥고 습한 지방에서 잘 자라는 거대한 나무들의 숲을 말해요.
  - 사바나는 비가 오는 우기와 비가 안 오는 건기가 뚜렷해서 키 큰 풀과 키 작은 나무가 함께 있는 것을 말해요.
- **건조 기후 지역** - 사막에서는 햇볕이 뜨겁고 증발하는 물의 양이 많아서 식물이 자라지 못해요.
  - 스텝은 사막보다는 비가 조금 더 와서 짧은 풀들이 이룬 초원을 말해요.
- **온대 기후 지역** - 온대 혼합림은 잎이 뾰족한 침엽수와 넓적한 활엽수가 같이 자라 이룬 숲을 말해요.
  - 경엽수림은 잎이 작고 두꺼운 나뭇잎을 가진 올리브나무 등을 말해요.
- **냉대 기후 지역** - 침엽수림은 타이가라고도 하는데 긴 겨울과 짧은 여름에 잘 견디는 나무들을 말해요.
- **한대 기후 지역** - 툰드라는 일 년 중 2개월 정도만 기온이 0도 이상이고, 지의류나 이끼류가 자라는 곳을 말해요. 지의류는 바위 등에 붙어살고 이끼류는 물이 있는 곳에서만 번식하는 식물의 무리를 말해요.

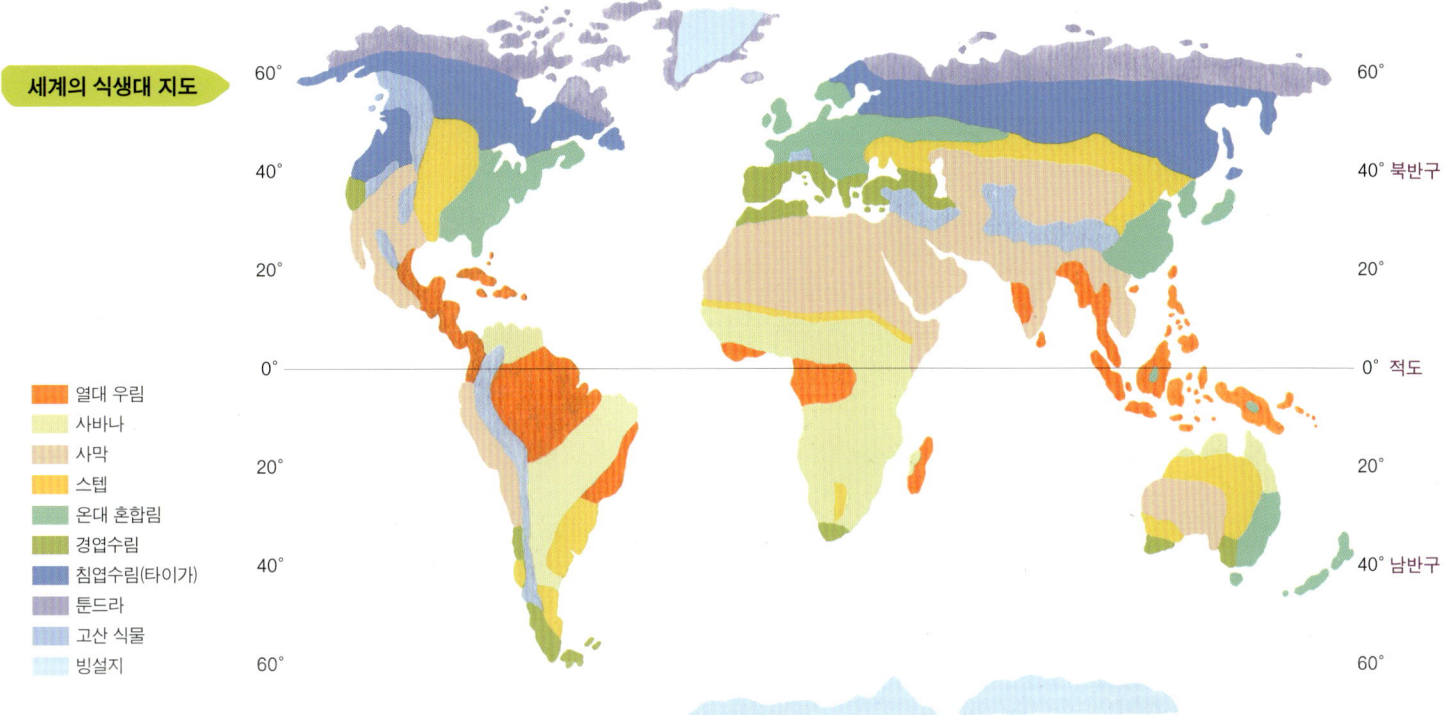

세계의 식생대 지도

- 열대 우림
- 사바나
- 사막
- 스텝
- 온대 혼합림
- 경엽수림
- 침엽수림(타이가)
- 툰드라
- 고산 식물
- 빙설지

고모   붉어서 붉은 광장이 되었을까? 아닐까? 알아맞히는 사람한테 고모가 찐하게 뽀뽀해 주지.

진 윤재 희원   그럼 안 맞힐래.

고모   너무 징그러웠나? 붉은 광장에서 '붉은'이라는 단어는 예전에 '아름다운'이라는 뜻이었대. 또 붉은 광장은 중요한 행사가 있을 때 기념식이나 퍼레이드를 하는 곳이지.

희원   그러니까 붉은 광장은 원래 '아름다운 광장'이구나!

고모   딩동댕! 광장 옆에는 크렘린이라는 길이 2.4킬로미터의 거대한 성벽이 있는데, 러시아와 모스크바의 상징물이야. 성벽 안 건물들을 만들 때 이반 3세의 명으로 당시 유명한

　　　이탈리아 건축가들이 참여했다고 해. 참, 붉은 광장 남쪽에는 성 바실리 대성당도 있어.
　　　지붕이 양파 모양인 웅장한 건물이야.
진　　아, 알아요. 근데 양파가 아니라 소프트아이스크림 같던데요?
고모　글쎄……. 아무리 봐도 양파인데? 그건 그렇고 이 성당의 이름은 이반 4세가 좋아하던
　　　'바실리'라는 성자의 이름에서 따왔다고 해. 성당의 모습에 반한 이반 4세는 성당을
　　　지은 두 건축가가 다시는 이와 같은 건물을 짓지 못하도록 눈을 멀게 했다고도 하지.
희원　너무 잔인하다. 그 정도로 아름다운지 보고 싶어.
고모　아까 말한 상트페테르부르크 기억 나? 이 도시는 표트르 대제가 건설했어. 습지였던 곳의

> **러시아의 황제들**
> 이반 3세는 15세기에 여러 공국으로 나뉘어 있던 러시아를 하나로 통일시켜 국가 기틀을 마련했고, 이반 4세는 공포 정치를 펴서 폭군으로 불린 황제야. 표트르 1세(표트르 대제)는 문자를 개발하고 유럽으로 진출하는 등 근대화를 이끌어 러시아 역사상 가장 뛰어난 통치자로 불리지.

물을 빼내 운하를 만들고, 프랑스와 이탈리아의 건축가와 석공을 동원하여 새로운 도시를 건설한 뒤 '표트르의 도시'라는 뜻으로 상트페테르부르크라 불렀지. 그리고 왕권 강화를 위해 러시아 귀족들을 이곳으로 강제 이주시켰대. 너희들 혹시 백야라고 들어 봤어?

윤재 내가 요즈음 한자를 배워서 좀 알지. 백야는 '하얀 밤'을 말하잖아.

진 하얀 밤이니까 가로등이 많은 도시를 말하는 것 같아.

고모 오, 이런……. 고모가 말하는 백야는 '해가 지지 않는 밤'을 말하는 거야. 그래서 '빛의 도시'라고 부르기도 해. 상트페테르부르크의 백야는 5월 말에 시작해서 7월 중순에 끝이 나.

진 밝아서 잠들기는 힘들겠지만 어디를 가도 환하니까 종일 놀러 다니기는 좋겠어요.

고모 실제로 상트페테르부르크에는 볼거리도 많아. 세계 3대 박물관 중 하나인 에르미타주 박물관 외에도, 러시아 문학을 대표하는 푸시킨과 도스토옙스키 같은 작가들을 만날 수 있는 박물관이 여럿 있지. 에르미타주 박물관은 러시아 황실의 왕비였던 예카테리나 2세가 미술품 등을 보관했던 곳이야. 지금은 레오나르도 다빈치, 피카소의 작품 등 300여 점의 유명한 전시품이 있는 국립 박물관이지. 또 극장과 같이 문화생활을 즐길 수 있는 공간과 예술가들의 동상도 곳곳에 있어.

희원 고모, 신문에서 본 바이칼 호수도 궁금해.

진 바이칼 호수가 '백조의 호수'에 나오는 그 호수 맞죠?

고모 오늘 윤재랑 진이가 좀 이상하다. 엉뚱한 말을 하는 증상이 비슷해. 지도를 다시 잘 봐. 남쪽에 파란색으로 바나나 모양처럼 생긴 바이칼 호수가 보이니? 역사가 2500년이 넘는 세계에서 가장 오래된 호수이자, 깊이가 1742미터로 세계에서 가장 깊은 호수야. 크기가

바이칼 호수

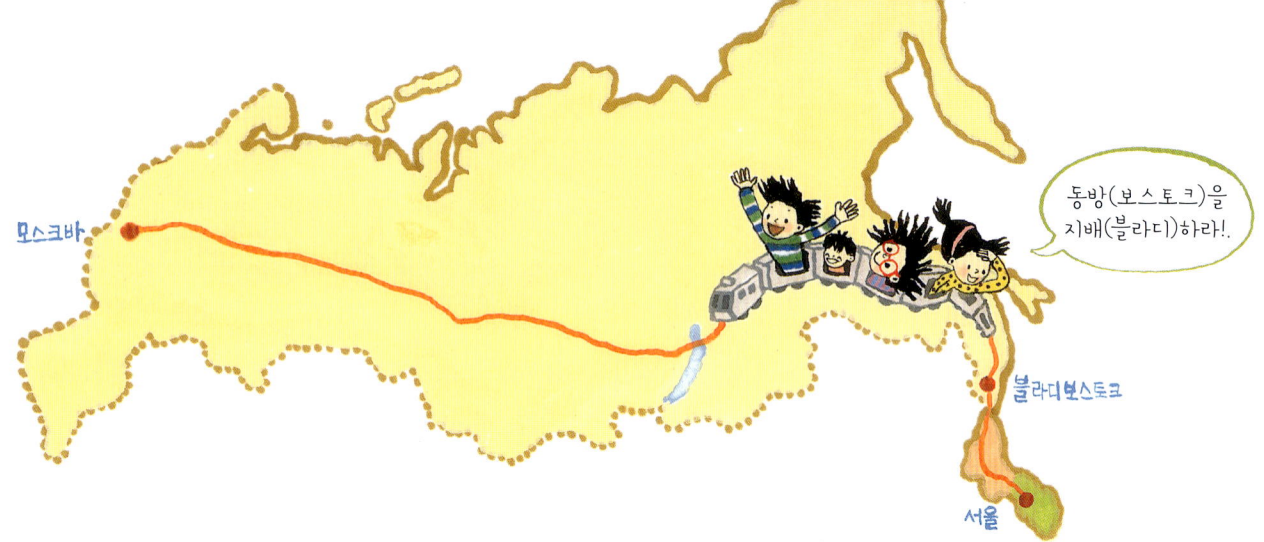

무려 대한민국의 3분의 1 정도 되고, 매년 11월부터 얼기 시작해서 1월에는 완전히 얼어 호수 위에 교통 표지판이 세워지고 차들도 지나간다고 하지. 물이 아주 맑아서 수심 40미터까지 들여다보이기 때문에 '시베리아의 진주'라고 불리기도 해.

진   호수가 바다처럼 크니까 섬도 있을까요?

고모   그럼. 약 23개나 있는걸. 애들아, 우리 머리도 식힐 겸 잠깐 별 보러 갈까? 달밤에 별도 보고 체조도 하자. 제자들은 나를 따라 오너라!

뜬금없이 이상한 행동을 하는 고모의 병이 또 도졌나 봐요. 아이들은 점퍼도 입지 않고 현관문 밖으로 우르르 나갔고 저는 멍하니 앉아 고모가 말한 바이칼 호수를 떠올렸어요.
그곳은 맑고 깨끗한 자연의 모습을 그대로 간직하고 있을 거예요. 만약 우리나라가 통일이 된다면 KTX를 타고 북한을 지나 블라디보스토크에서 시베리아 횡단 열차로 갈아타고 바이칼 호수를 구경한 다음, 유럽으로 가는 열차를 탈 수 있을 거예요. 저도 별을 보며 그런 여행을 빨리 할 수 있게 해 달라고 빌어야겠어요.

고모의 꼼꼼 노트

러시아 주변 나라들

소련은 15개의 공화국으로 이루어진 '소비에트 사회주의 공화국 연방'을 줄인 말이에요. 세계 최초의 사회주의 국가였던 소련은 1991년에 11개의 독립 공화국이 독립 국가 연합(CIS)을 따로 만들면서 해체되었어요. 처음 소련을 이루던 15개의 공화국은 러시아, 우크라이나, 벨라루스, 몰도바, 카자흐스탄, 우즈베키스탄, 투르크메니스탄, 타지키스탄, 키르기스스탄, 아르메니아, 아제르바이잔, 조지아(그루지야), 에스토니아, 라트비아, 리투아니아였는데, 이 가운데 발트 삼국이라 불리는 에스토니아, 라트비아, 리투아니아는 독립 국가 연합에도 속하지 않고 각각 독립했어요.

카자흐스탄, 우즈베키스탄, 투르크메니스탄, 키르기스스탄, 타지키스탄, 아프카니스탄은 중앙아시아라고 부르기도 해요.

러시아, 좀 더 들여다볼까?

크렘린
모스크바에 있는 성벽이다. 처음에는 나무로 요새를 만들기 시작했지만, 15세기부터는 이곳을 벽돌로 바꾸어 더욱 튼튼한 성벽이 되었다.

붉은 광장
크렘린 동북쪽에 위치한 광장으로 15세기부터 상인들이 물건을 사고 팔던 장소였다.

모이카 운하
상트페테르부르크의 중심을 흐르는 운하이다. 상트페테르부르크는 수많은 운하들과 연결되어 있어 '북쪽의 베네치아'라고 불린다.

황금의 고리
모스크바에서 주변의 여러 도시들을 이으면 원형의 고리가 되는데 이 안에 러시아의 귀중한 문화유산들이 있어서 '황금의 고리'라고 부른다.

사하 공화국
러시아 극동에 있는 공화국으로 러시아 면적의 7분의 1을 차지한다. 대부분 사람이 살기 힘든 땅이지만 광물 자원이 풍부하다. 호수가 많아 '호수 공화국'이라고 불린다.

마트료시카
나무로 만든 러시아 전통 인형이다. 큰 인형 안에 작은 인형들이 8개 이상 겹겹이 들어 있다.

체첸 공화국
러시아 코카서스 지역에 있는 공화국이다. 체첸인들이 러시아로부터 독립을 원해서 잦은 유혈 충돌이 발생하고 있다.

성 바실리 대성당
16세기 이반 4세가 전쟁에서 승리한 기념으로 세운 건물이다. 높이가 46미터에 달하는 중앙의 탑을 높이와 크기가 각각 다른 8개의 탑이 둘러싸고 있다.

튜멘
석유와 천연가스의 양이 많아 현재 러시아 경제 성장의 동력이 되고 있는 도시다.

사할린
캄차카반도와 일본 홋카이도 사이에 있는 섬이다. 광물 자원 및 목재 생산량이 풍부하다. 제2차 세계 대전 때 많은 한국인들이 일본에 의해 이곳으로 강제 징용되었고, 그 후손들이 지금도 살고 있다.

지도를 그리며 놀자!

- 78쪽 지도를 보고 러시아의 유명한 도시, 산맥, 강 등의 위치를 표시해 보세요.
- 러시아의 명소에 스티커를 붙여 보세요.
- 지도를 색칠하고 꾸며 완성해 주세요.
- 퀴즈도 풀어 보세요.

유럽과 아시아를 나누는 경계가 되는 산맥의 이름을 써 보세요.

세계 지도 속 러시아의 위치를 확인하세요

퀴즈!

① 블라디보스토크에서 모스크바까지 달리는 열차는 무엇일까요?
② 세계에서 가장 깊은 호수의 이름은 무엇일까요?

적도에서 히말라야까지
동남 및 남부 아시아

동남아시아는 인도차이나반도와 말레이반도, 그리고 많은 섬으로 이루어졌어. 산과 울창한 숲이 많아 광물 자원과 목재 등이 풍부하며, 인도네시아와 브루나이에서는 석유도 많이 생산되지. 날이 덥고 물이 많기 때문에 일 년에 벼농사를 여러 번 하는 나라도 많아. 오랜 역사 속에서 불교, 힌두교, 이슬람교 등 다양한 종교가 꾸준히 이어져서 곳곳에 화려한 종교 유물들이 남아 있어.
남부 아시아는 전 세계에서 가장 다양한 지형을 갖고 있는 곳이야. 북쪽에는 히말라야산맥이 있고 서쪽에는 타르 사막과 인더스강이 있지. 동쪽에는 갠지스강이 흐르고 밀림이 있으며 남쪽에는 데칸고원이 넓게 펼쳐져 있어. 남부 아시아에서는 매년 6월부터 60일 이상 비가 계속 내리는 몬순(계절풍) 기후가 나타나. 남부 아시아에서 가장 큰 나라인 인도는 인구 수 세계 2위로 다양한 물건들을 수출하는 중요 산업 국가지.
커다란 지붕 같은 히말라야산맥 아래 가난하지만 행복 지수가 높은 나라들이 모여 있는 동남 및 남부 아시아를 알아보자.

> **필리핀**
> 동남아시아에 있는 71000여 개의 섬들로 이루어진 섬나라야. 16세기부터 약 300년 동안 에스파냐의 식민지였고, 19세기 후반부터 미국의 지배를 받다가 1946년 독립했어. 필리핀이라는 이름은 에스파냐를 다스린 펠리페 2세의 이름에서 따왔지.

올해는 외할머니와 외할아버지께서 세부로 여행을 다녀오실 거라고 해요. 고모에게 "세부가 나라야?"라고 물어보니 필리핀에 있는 섬인 걸 몰랐냐며 편잔을 주었어요. 뭐, 모를 수 있는 거 아닌가요? 세계 지도를 보니 동남아시아에는 깨알처럼 섬이 정말 많더라고요. 거리가 가깝고 비용이 비교적 저렴해서 우리나라 사람들이 해외여행으로 제일 많이 가는 곳이에요. 고모는 몰디브에서 본 아름다운 바다 빛을 침이 마르도록 자랑했어요. 또 동남아시아에서 멀지 않은 남부 아시아는 외국인 노동자나 다문화 가족 하면 떠오르는 대륙이에요. 하지만 어떤 나라가 있고 어떤 문화가 있는지는 선뜻 떠오르지가 않았어요.

윤재 고모, 나도 외할아버지 가방에 몰래 들어가서 비행기 타고 따뜻한 세부로 가고 싶어. 물놀이도 실컷 하고 맛있는 음식도 잔뜩 먹고. 어떻게 갈 방법이 없을까?

고모 윤재야, 너를 잘 접어서 소포로 부쳐 줄게. 오늘은 동남 및 남부 아시아에 대해 공부해야겠다. 오케이?

진 고모, 저는 인도가 제일 궁금해요. 인도는 인도 여자들이 입는 긴 옷처럼 왠지 신비하고 비밀이 많은 나라 같아요.

고모 아, 사리를 말하는구나! 맞아. 이 고모도 인도가 늘 신비하게 느껴져. 인도는 불교의 발상지이지만, 인구의 80퍼센트 이상이 인도 고유의 종교인 힌두교를 믿지. 힌두교는 5000년이 넘는 역사를 가지고 있는데, '힌두'라는 말은 인도의 인더스강을 뜻해. 힌두교와 다른 종교의 가장 큰 차이점은 섬기는 신의 숫자가 많아서 3억이 넘는다는 거야. 힌두교는 인도 사람들의 생활에 많은 영향을 주어서 지금 인도의 관습이나 전통에도 흔적이 많아. 힌두교에서는 소를 소중히 여기기 때문에 도시의 찻길에서 소가 교통을 방해해도 쫓아내지 않아.

> **사리**
> 천을 몸에 두르는 인도의 전통 옷이야. 정장 차림을 할 때면 여자들은 안에 꼭 끼는 블라우스를 입고 사리를 입은 뒤 얼굴에 빈디를 붙이고 화려한 장신구를 해.

동남 및 남부 아시아를 들여다보자

남부 아시아에는 히말라야산맥과 인더스강, 갠지스강, 데칸고원이 있다. 동남아시아에는 메콩강이 흐르며 수많은 섬들이 있다.

삼각주 강물이 바다로 들어가는 입구에 흙이나 모래가 쌓여 삼각형 모양으로 만들어진 평평한 땅.

인도 북동쪽에는 에베레스트산을 포함한 히말라야산맥이 있어서 매우 추운 산악 기후가 나타난다.

인도차이나반도에 있는 메콩강은 중국의 티베트고원에서 시작되어 베트남 남쪽의 삼각주까지 흐른다. 여러 나라의 관개용수, 어업 활동, 교통에 영향을 준다.

인도 북부 평원에는 인더스강과 갠지스강이 있어 땅이 비옥하지만, 가끔씩 강물이 범람해서 큰 피해를 입기도 한다. 갠지스강 하류에는 세계에서 가장 큰 삼각주가 있다.

인도 중심에는 데칸고원이 있다. 해안선을 따라 서쪽에는 서고츠산맥이, 동쪽에는 동고츠산맥이 이어진다.

말레이시아는 말레이반도의 대부분과 보르네오섬의 반 정도를 차지한다. 대부분 울창한 열대 우림 지역이다.

인도네시아는 1만 3000여 개의 섬들로 이루어진 세계 최대의 섬나라이다. 환태평양 조산대에 속해 지진과 화산 활동이 활발하다.

또한 인도 사람들은 강물이 세상의 더러운 것을 정화하는 능력을 가지고 있다고 믿어. 그래서 강물로 몸과 마음을 씻는 일을 중요하게 여기는데, 갠지스강은 많은 사람들이 몸을 씻거나 화장한 재를 뿌리는 곳으로 유명해. 그리고 법적으로는 금지되어 있지만 카스트 제도라는 독특한 신분 제도가 여전히 생활 속에 남아 있어.

진 또, 에……. 인도 생활 뉴스 하나! 인도에서는 오른손 손끝의 두 마디 정도는 밥을 먹을 때 사용하고, 왼손은 화장실에서 엉덩이를 닦을 때 사용한대.

윤재 진짜? 화장실 다녀온 뒤에 박수 치면 안 되겠다.

희원 윽! 고모, 나는 인도와 인도차이나가 헷갈려.

고모 인도차이나반도는 벵골만 동쪽에 미얀마와 베트남과 캄보디아 등이 있는 땅을 말해. 너희, 말레이반도라고 들어 봤니? 말레이시아, 싱가포르가 있는 곳이야. 이렇게 인도차이나반도와 말레이반도, 1만 3000여 개의 섬으로 이루어진 인도네시아 등이 있는 곳을 동남아시아라고 하지.

동남 및 남부 아시아

> **카스트 제도**
> 신분을 4개의 계급으로 나누는 제도야. 가장 높은 계급은 승려인 브라만이고, 그다음이 기사인 크샤트리아, 다음은 농민과 상인인 바이샤라고 해. 천민은 수드라라고 부르는데, 인도에서는 아직도 이들에 대한 차별이 심하대.

세계 지도를 보면 동남아시아가 우리나라의 서쪽에 있지만, 유럽에서 보면 동남쪽이기 때문에 '동남아시아'라는 명칭은 유럽 중심으로 굳어진 말이야.

진 인도와 중국 사이에 있는 반도니까 인도차이나반도, 맞죠?

윤재 그럼 인도네시아는 인도와 네시아 사이에 있어서 인도네시아야? 네시아는 어디 있어?

진 그것도 내가 알지. 네시아는 그리스어로 섬을 뜻해. 그래서 인도네시아는 인도의 동쪽에 있는 섬들이라는 뜻이야.

윤재 우와, 진짜 똑똑한 친구야. 그럼 난 이제부터 제주도를 제주네시아라고 불러야지.

고모 제주도는 '섬 도(道)' 자가 들어가서 굳이 네시아를 따로 넣을 필요가 없어. 지도를 보면 뉴기니섬의 절반은 인도네시아이고 나머지 절반이 파푸아 뉴기니지? 민족과 문화 등을 고려한 국경선이 아니라 제국주의 나라들이 멋대로 그어 놓은 경계선에 따른 것이라 그래. 영국, 프랑스, 에스파냐, 네덜란드, 일본 등이 대표적인 제국주의 나라지. 인도를 비롯한 동남아시아 나라들은 19세기 후반부터 20세기 초반까지 다른 나라의 식민지였다가 20세기 중반에 독립을 했어. 단, 타이만 빼고 말이지.

진 타이는 왜 식민지가 안 되었어요?

고모 미얀마와 말레이시아를 지배하던 영국과, 캄보디아와 베트남을 지배하던 프랑스 두 나라가 타이를 중간에 두고 서로 충돌을 피했기 때문이야. 또 당시 타이 왕은 노예제를 폐지하고 서구의 좋은 문화를 받아들여서 나라의 경제를 안정시키고 공공교육에 힘을 쏟았어. 국민들이 이런 왕을 존경하고 따르면서 힘을 하나로 모을 수 있었지. 국민 모두가 불교를 믿었던 점도 강한 단결력을 만들었던 요인이야. 덕분에 타이는 영국과 프랑스의 간섭을 피하고 타이를 침공한 일본에 저항할 수 있었어.

희원 고모, 인도는 힌두교, 타이는 불교. 이 지역은 종교가 다양한 것 같아.

고모   맞아. 파키스탄과 말레이시아에서는 이슬람교, 필리핀과 동티모르에서는 기독교를 믿지.

윤재   종교가 달라서 서로 싸우지는 않았어?

고모   그런 경우도 있지. 인도, 파키스탄, 방글라데시는 원래 하나의 나라였는데 힌두교와 이슬람교 세력이 충돌해서 1947년에 인도, 서파키스탄, 동파키스탄으로 분리되었어. 그 후 1971년에 서파키스탄은 다시 파키스탄으로, 동파키스탄은 방글라데시로 독립했지. 불교도가 많은 스리랑카는 영국으로부터 1948년에 완전 독립했고.

진   방글라데시? 홍수 때문에 가끔 뉴스에서 들었던 나라인 것 같은데. 맞죠, 고모?

고모   오우, 진이는 뉴스도 허투루 듣지 않는구나. 전 세계에서 물 때문에 제일 고생하고 있는 나라 중 하나가 방글라데시야. 큰 강들의 하류에 위치한 데다가 원래 땅이 낮기도 해서 물이 넘치는 경우가 많아. 게다가 벵골만은 인도양의 사이클론이 이동하는 경로에 있기 때문에 해일이나 홍수로 인한 피해가 자주 발생해. 이 지역에서 물 때문에 생긴 또 다른 문제는 메콩강의 상류 지역에 위치한 중국, 라오스, 타이가 대규모 댐을 건설하면서 하류에 위치한 베트남과의 사이에 생긴 분쟁이야. 큰 강 하류의 기름진 땅 덕분에 베트남의 농업이 번성할 수 있었지만, 댐이 건설된 뒤로는 오히려 막대한 피해를 입게 되었어.

희원   고모는 동남아시아 여러 곳을 여행했잖아. 가장 기억에 남는 곳은 어느 나라야?

고모   음……. 우리나라 서울보다 약간 클 정도로 작은 나라 싱가포르! 여러 나라들을 연결하는 중요한 위치에 있어서 여러 언어를 사용하고 다양한 음식과 문화를 즐길 수 있는 곳이지. 싱가포르에서는 길거리에서 쓰레기를 버려도, 공공 화장실에서 물을 안내려도 벌금을 내야 해. 또 땅이 좁다 보니 너도나도 자동차를 타고 다니면 교통체증이 심해질 거야. 이를 막기 위해서 자동차를 사려면 어마어마한 돈을 내야 한대.

메콩강

윤재   큭큭. 진아, 넌 싱가포르에서 살면 벌금을 많이 내야겠다. 학교 화장실에서도 물을 잘 안 내리잖아.

희원   윤재 너도 집에서 만만치 않아. 고모, TV에서 파키스탄 아이들이 낮은 임금을 받으며 축구공을 만들거나 힘든 노동을 하는 걸 본 적이 있어.

고모   그래. 오늘 배운 동남 및 남부 아시아 나라들은 20세기부터 식민지와 전쟁, 가난 등으로 고통을 겪었고, 지금도 힘겹게 살고 있는 곳이 많아. 특히 아프가니스탄은 어른들이 묻어 놓은 지뢰 때문에 불구가 된 아이들과 군대를 피해 고향을 떠난 피난민이 많은 나라야. 세상 모든 어린이들은 행복할 권리가 있는데 안타까운 일이지.

진   윤재야, 이렇게 많은 나라와 수도 이름들을 잘 외울 수 있는 비법이 없을까?

윤재   당연히 있지. 세상에서 제일 큰 만두인 네팔의 수도 카트만두. 세상에서 제일 긴 넥타이는 미얀마 옆에 있는 타이. 세상에서 제일 긴 팔은 네팔. 세상에서 제일 큰 핀은 필리핀! 어때, 진짜 잘 외워지고 재밌지?

고모   역시 윤재는 말장난 도사야. 고모가 오늘은 인도 친구에게 배운 독특한 맛의 인도 카레를 먹게 해 주지. 밥에 비벼 먹지 말고 동그란 빵인 난에 발라 먹어야 해. 좀 매우니까 살살 먹도록. 어, 잠깐 세상에 공짜는 없지. 셋이 가위바위보 해서 진 사람이 아이스크림 사 오기. 어때?

고모의 마지막 말이 끝날 무렵에 이미 인도 빵인 난 10개와 카레는 분해가 되어 사라졌어요. 이런 마술 같은 일. 뭐든지 가리지 않고 먹는 우리는 역시 식신인가 봐요. 진과 윤재가 킥킥거리며 손가락을 빨고 있는 사이에 나는 방에 들어와 고모가 펼쳐 놓았던 책들을 다시 살피고, 동남 및 남부 아시아에 대해 컴퓨터로 검색했어요.

앙코르 와트

킬링 필드
1975년부터 1979년 사이에 사회주의 정부 아래 있던 크메르 루주군에 의해 캄보디아 인구의 25퍼센트 가량이 희생된 일을 일컬어 '죽음의 벌판', 즉 킬링 필드라 해.

동남 및 남부 아시아

무에타이!

내 발차기 받아라!

히말라야 탐험가들의 짐을 운반해 주거나 동반자가 되어 주는 네팔의 셰르파들과 400년 동안이나 밀림 속에서 잊혔다가 1860년에 모습을 드러냈다는 캄보디아의 앙코르 와트 사원도 흥미로웠어요. 많은 사람들이 죽었다는 킬링 필드나 윤재와 진이가 좋아할 만한 타이의 전통 무예 무에타이에 대해서도 새롭게 알았고요.

히말라야의 높은 봉우리들부터 적도의 수많은 섬들까지 동남 및 남부 아시아에 대한 이야기는 캐내고 캐내도 끝이 없다는 생각이 들었어요. 아마 다양한 기후, 종교, 언어와 역사가 있기 때문일 거예요. 힘들고 어려운 환경 속에서 지내는 이 지역 어린이들이 행복한 생활을 누리게 되었으면 좋겠어요.

세계 지도를 그려 볼까? **95**

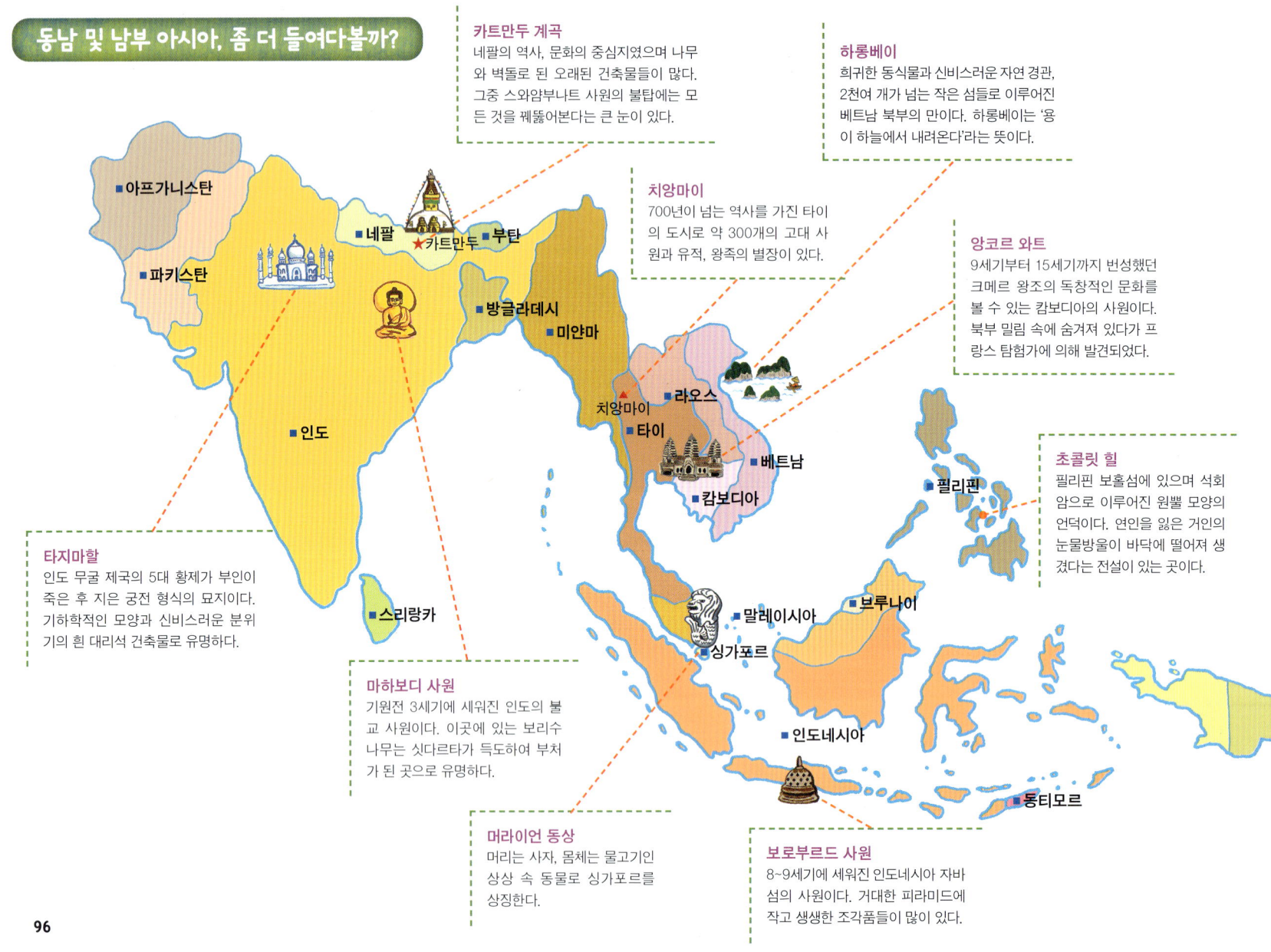

지도를 그리며 놀자!

- 90쪽 지도를 보고 동남 및 남부 아시아의 나라와 유명한 도시, 산맥, 섬 등의 위치를 표시해 보세요.
- 동남 및 남부 아시아의 명소에 스티커를 붙여 보세요.
- 지도를 색칠하고 꾸며 완성해 주세요.
- 퀴즈도 풀어 보세요.

인도와 인도차이나반도 사이에 있는 만의 이름을 써 보세요.

세계 지도 속 동남 및 남부 아시아의 위치를 확인하세요

퀴즈!
① 동남아시아 나라 중 가장 작은 나라는 어디일까요?
② 중국과 베트남을 모두 흐르는 강 이름은?

동남 및 남부 아시아

세계 지도를 그려 볼까? **97**

평화를 위한 다짐
서남아시아와 북부 아프리카

서남아시아는 보통 아시아 남서부를 말해. 아시아, 유럽, 아프리카
세 대륙이 만나는 곳으로 옛날부터 동·서양 문화가 교차하며 교역이
활발하게 이루어졌어. 유대교와 크리스트교, 이슬람교 같은 여러 종교가
생겨난 곳이기도 해.
북부 아프리카는 사하라 사막을 기준으로 아프리카 대륙의 북부 지역이야.
지중해를 사이에 두고 유럽 바로 아래여서 문화적으로도 유럽과 가까운
편이지. 같은 아프리카지만 사하라 사막 이남의 중남부 아프리카와는 다른
문화를 갖고 있어. 북부 아프리카는 지중해 연안의 좁은 지대를 제외하면
대부분이 사막 지대야. 오아시스에서만 농사를 짓고 나머지 지역에서는
유목을 해. 이 지역을 대표하는 단어는 이슬람, 유목, 오아시스, 사막, 석유야.
자원 문제나 종교 및 민족의 차이 때문에 분쟁이 끊이지 않아서 '세계의
화약고'라고 불리는 서남아시아와 북부 아프리카에 대해 알아보자.

오늘은 도서관에서 빌린 책을 반납해야 하는 날이에요. 방학 숙제로 읽어야 하는 필독 도서도 빌려야 하고요. 그런데 오늘따라 이불 속에서 나가고 싶지가 않아요. 이럴 땐 마법 양탄자를 타고 슝~ 도서관에 다녀오거나 요술 램프의 지니를 불러서 군고구마를 사 오라고 하면 얼마나 좋을까요? 그러고 보니 마법 양탄자와 요술 램프는 모두 《아라비안나이트》에 나오는 것들이에요. 오늘은 고모에게 이 이야기의 무대가 된 지역에 대해서 물어봐야겠어요.

고모　아직 한밤중인 고모 방문을 누가 '열려라 참깨!' 하면서 연 거냐!

희원　고모, 《아라비안나이트》는 어느 지역 이야기야?

고모　'신드바드의 모험'이 나오는 《아라비안나이트》? 아라비아, 페르시아, 이집트, 메소포타미아 지방에서 내려오는 옛날 이야기를 모은 거지.

진　고모, 아라비아면 중동인가요?

고모　그렇긴 한데 중동이라고 하는 것은 지난번에 동남아시아를 설명할 때 얘기한 것처럼 유럽 사람들의 관점이야. 유럽을 세계의 중심으로 봤을 때 터키는 가까운 동쪽 즉 근동(Near East), 우리나라 중국, 일본은 먼 동쪽이니까 극동(Far East), 이집트나 이라크 같은 곳은 중간쯤 떨어져 있는 중동(Middle East)인 셈이지.

희원　이제는 대부분의 사람들이 사용하는 말이라 익숙해진 것 같아.

고모　서남아시아와 북부 아프리카 지역을 '아랍' 혹은 '이슬람 세계'라고 얘기하기도 하는데 사실 그 명칭도 꼭 맞지는 않아. 아랍이라면 일단 아랍어를 써야 하는데 터키의 경우는 터키어가 주요 언어이고, 이란이나 이스라엘 역시 아랍어를 쓰고 있지 않거든. 또한 국민 대다수가 유대교를 믿는 이스라엘과, 기독교가 우세한 레바논이 있고, 이집트와 시리아 국민들 중에도 기독교도가 많으니 이슬람이라고 통틀어 부르기도 애매하지.

《아라비안나이트》는 아랍어로 쓰인 이야기야.

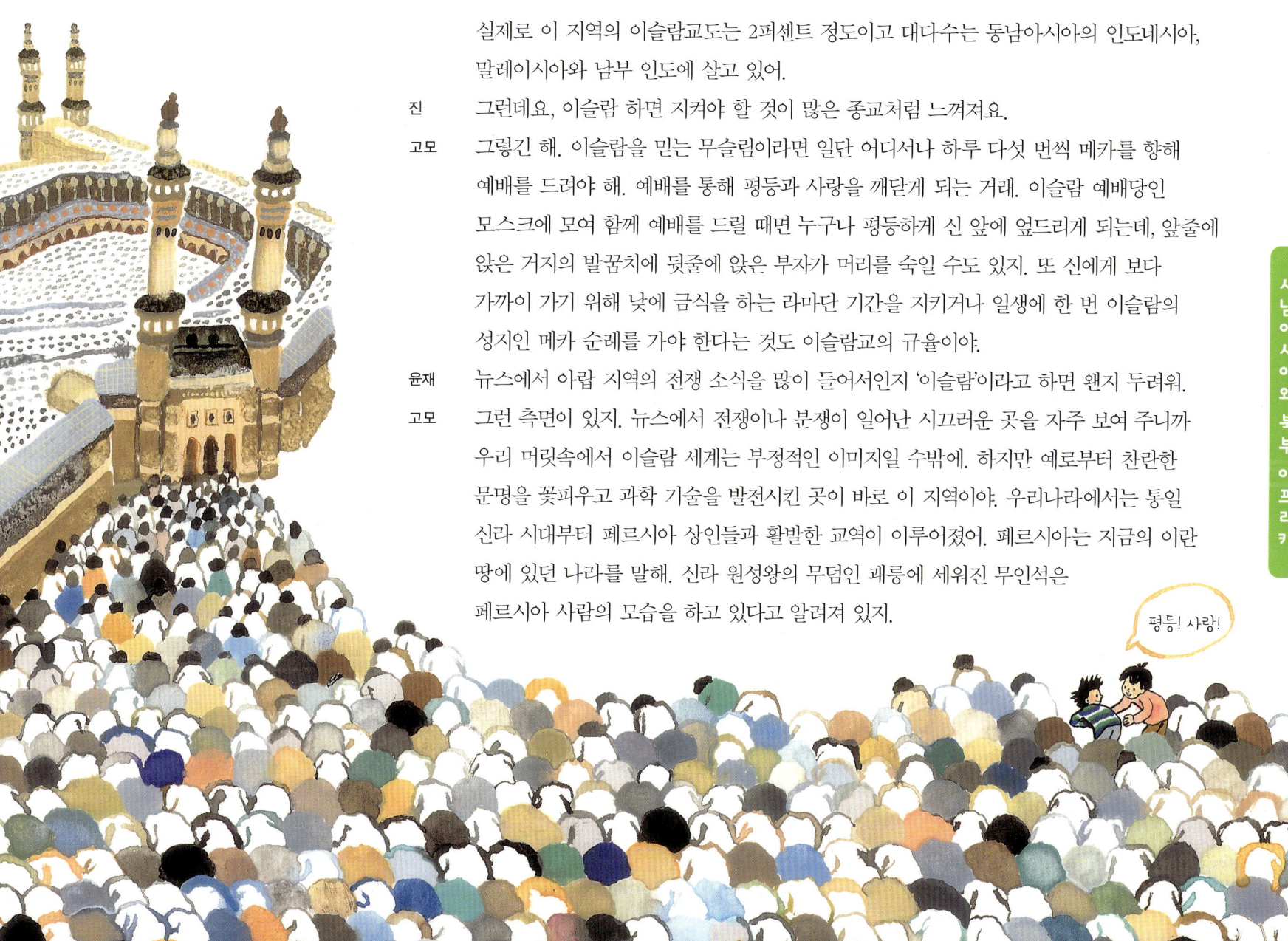

실제로 이 지역의 이슬람교도는 2퍼센트 정도이고 대다수는 동남아시아의 인도네시아, 말레이시아와 남부 인도에 살고 있어.

진   그런데요, 이슬람 하면 지켜야 할 것이 많은 종교처럼 느껴져요.

고모   그렇긴 해. 이슬람을 믿는 무슬림이라면 일단 어디서나 하루 다섯 번씩 메카를 향해 예배를 드려야 해. 예배를 통해 평등과 사랑을 깨닫게 되는 거래. 이슬람 예배당인 모스크에 모여 함께 예배를 드릴 때면 누구나 평등하게 신 앞에 엎드리게 되는데, 앞줄에 앉은 거지의 발꿈치에 뒷줄에 앉은 부자가 머리를 숙일 수도 있지. 또 신에게 보다 가까이 가기 위해 낮에 금식을 하는 라마단 기간을 지키거나 일생에 한 번 이슬람의 성지인 메카 순례를 가야 한다는 것도 이슬람교의 규율이야.

윤재   뉴스에서 아랍 지역의 전쟁 소식을 많이 들어서인지 '이슬람'이라고 하면 왠지 두려워.

고모   그런 측면이 있지. 뉴스에서 전쟁이나 분쟁이 일어난 시끄러운 곳을 자주 보여 주니까 우리 머릿속에서 이슬람 세계는 부정적인 이미지일 수밖에. 하지만 예로부터 찬란한 문명을 꽃피우고 과학 기술을 발전시킨 곳이 바로 이 지역이야. 우리나라에서는 통일 신라 시대부터 페르시아 상인들과 활발한 교역이 이루어졌어. 페르시아는 지금의 이란 땅에 있던 나라를 말해. 신라 원성왕의 무덤인 괘릉에 세워진 무인석은 페르시아 사람의 모습을 하고 있다고 알려져 있지.

서남아시아와 북부 아프리카

평등! 사랑!

이슬람교의 금기

이슬람 사회에서는 경건하게 기도한 후 고통 없이 가축을 빨리 죽여서 얻은 고기만 먹어. 돼지고기를 금하는 것은 유목 생활에 적합하지 않아서야. 가죽이나 젖을 얻을 수 없고, 오래 저장하기도 힘든 고기라 여긴 거지. 고기를 갈아서 꼬치에 끼워 구워 먹는 터키의 음식, 케밥에도 돼지고기는 쓰이지 않아. 돈을 빌려줄 때 이자를 받는 일을 금지하고 일하지 않고 돈을 버는 사람은 게으르다고 생각해.

석유 수출 기구(OPEC)

1960년 석유를 수출하는 나라들이 모여 만든 기구야. 석유 가격 안정을 위해 석유 생산량을 협의하는 등의 일을 하지.

희원   맞아. 인류 최초의 문명이 이 지역에서 발생했다고 배웠어.

고모   빙고! 앞에서 세계 4대 문명 얘기할 때 말했지? 이집트의 나일강 유역과 터키, 시리아, 이라크를 흐르는 티그리스강과 유프라테스강은 주요 문명 발상지야. 특히 티그리스강과 유프라테스강 사이 지역은 메소포타미아라고 하는데 '두 강 사이의 땅'이라는 뜻이야. 강에 휩쓸려 온 흙이 쌓여 이루어진 충적토 덕에 작물 재배와 목축에 유리해. 땅의 모양이 초승달을 닮아서 '비옥한 초승달 지역'이라고도 하지.

윤재   이제는 잘사는 부자 나라가 많은 지역 같아.

고모   그것도 맞아. 이곳에서 석유가 나오거든. 석유 자원이 매장돼 있는 30개 나라 가운데 5개 나라가 이 지역에 있어. 이들 나라에서 전 세계 석유의 약 80퍼센트가 나온다고 해. 쿠웨이트는 우리나라 경상도 정도 크기밖에 안 되는데 전화 요금, 의료비, 교육비도 안 내고, 심지어 연말에는 국민들에게 보너스를 준다나? 다 석유의 힘이지. 국토 어디서나 석유가 나와서 하이힐을 신지 말라는 말까지 있대.

윤재   우와~ 정말 좋겠다. 부럽다 부러워.

고모   그런데 단점도 있어. 동네가 좀 시끄럽다는 거. 석유에 눈독을 들이는 나라가 많은 데다가 정작 석유를 생산하고 정제하는 기술은 없어서 다른 나라의 도움을 받아야 해. 게다가 정치하는 사람들이 석유 자원을 이용해 자신의 욕심을 채우는데, 국민들이 풍족하게 살다 보니 정치에 큰 관심을 갖지 않는 것도 문제야. 외부 문화의 영향으로 전통적인 생활 양식이 급격하게 변하기도 했지.

희원   그런데 고모, 아프리카는 하나의 큰 대륙인데 왜 북부 아프리카만 따로 얘기해?

고모   좋은 질문! 아프리카 대륙엔 50여 개의 나라가 있고, 이들은 사하라 사막을 경계로 북부 아프리카와 중남부 아프리카로 나뉘어져. 사하라 사막은 세계에서 가장 큰 사막으로 크기가 거의 유럽 대륙과 비슷해. 같은 대륙이지만 이렇게 넓은 사하라 사막 때문에 큰 차이가 생기지. 사하라 사막 북쪽의 아프리카는 중남부 아프리카와 비교했을 때, 비교적 피부색이 흰 사람들이 살고 아랍 문화의 영향을 받아서 '아랍 아프리카'라고 해. 반면 사하라 이남의 중남부 아프리카에 사는 사람들은 피부색이 검기 때문에 '블랙 아프리카'라고 하지.

아랍 아프리카.

블랙 아프리카.

윤재 북부 아프리카에는 어떤 나라들이 있어?

고모 북서쪽부터 모리타니, 모로코, 알제리, 튀니지, 리비아가 있지. 이 나라들을 '마그레브'라고 부르는데 마그레브는 아랍어로 서쪽이라는 뜻이야. 이슬람 메카가 있는 사우디아라비아를 기준으로 서쪽에 있는 나라들을 말하지. 이탈리아의 식민 지배를 받았던 리비아만 빼고 대부분 프랑스의 식민 지배를 받았어. 지금도 그 영향으로 아랍어를 공용어로 쓰고 프랑스어도 함께 사용해.

진 지도를 보니까 이집트는 아시아와 손을 살짝 잡고 있는 것처럼 보여요.

고모 정말 그러네. 이집트 인구 대다수는 문명의 발상지 중 하나인 나일강 유역에 살고 있어. 나일강은 수단에서 두 지류가 합쳐져서 지중해 쪽으로 흘러가. 흔히 상류 하면 위쪽이라고 생각할 수 있는데 나일강은 아래쪽이 상류야.

희원 이집트 하면 수에즈 운하도 빼놓을 수 없지.

고모 수에즈 운하는 유럽에서 아시아로 가는 길을 엄청나게 단축시켰어. 남아프리카의 희망봉을 돌아서 가지 않고 가로질러 갈 수 있게 됐으니까. 운하 통행료는 이집트의 주요 외화 수입원이야.

윤재 그래도 이집트 하면 뭐니 뭐니 해도 스핑크스랑 피라미드야.

고모 그래. 피라미드는 이집트 파라오의 무덤이지. 스핑크스는 무덤이나 신전 앞을 지키는

이집트의 피라미드와 스핑크스

거대한 석상인데 동물의 몸에 사람의 얼굴을 하고 있어. 그런데 스핑크스가 이집트에만 있는 건 아냐. 그리스 신화에서도 사람들에게 문제를 내서 못 맞히면 잡아먹는 스핑크스가 나오거든. 그럼 파라오의 무덤을 지키는 스핑크스는 어떻게 생겼을까?

진　어, 스핑크스의 얼굴이 모두 달라요?

고모　물론! 무덤을 지키는 스핑크스는 그 무덤에 묻힌 파라오의 얼굴을 닮았어. 나를 지키는 것은 바로 나 자신이라는 의미가 담겨 있지.

진　고모, 아프리카만큼은 아니지만 중동 나라들의 국경선도 자로 잰 듯한 곳이 있어요.

고모　국경선은 반듯하기가 힘든데 직선도 보이고 뭔가 이상하지? 아프리카와 마찬가지로 시리아, 요르단, 레바논, 이라크, 이스라엘 등 아랍의 국경선도 제1차 세계 대전 이후 영국과 프랑스가 자기들 마음대로 그렸기 때문이야.

윤재　제국주의 나라들이 손을 안 댄 곳이 없네.

진　이 지역도 뉴스에서 위험한 곳이라고 나오는 걸 여러 번 보았어요. 지금도 그런가요?

고모　이스라엘과 팔레스타인은 세계의 분쟁 지역으로 손꼽히는 곳이야. 아주 먼 옛날 2천 년 전 팔레스타인 지역에는 유대인들이 살았어. 하지만 서기 70년 이후 로마의 지배를 받으면서 유대인들은 뿔뿔이 흩어졌고 대신 아랍 민족이 이곳에 정착해 살게 되었지. 제2차 세계 대전 뒤 이 지역에 유대인의 나라인 이스라엘이 건국되고 세계 각지에 흩어져 살던 유대인들이 모여들면서 이곳에 살던 아랍 인들은 쫓겨나게 되었어. 쫓겨난 아랍 인들이 빼앗긴 땅을 찾기 위해 싸우면서 분쟁이 일어나기 시작한 거야.

희원　이스라엘에선 여자들도 군대에 간다면서?

고모　이스라엘에서는 18살이 되면 남자는 3년, 여자는 2년 의무적으로 군대에 가야 해. 나라를 지키기 위해 늘 전쟁에 대비를 하는 셈이지. 살벌하지만 이스라엘과 요르단

> **팔레스타인 해방 기구(PLO)**
> 1948년 이스라엘이 건국되기 이전부터 팔레스타인 지역에 살던 아랍 인에 의해 조직된 정치 결사대야. 팔레스타인 국가 건설과 이스라엘 제거를 요구하고 있지. 2003년 유엔의 중재 하에 제네바 협약을 체결하여 평화 정착에 힘쓰고 있어.

사이에는 사해가 있어서 재미있는 일도 있어.

윤재   아, 사람들이 모두 물에 둥둥 떠 있는 바다! 여기서는 물에 빠질 일은 없겠다.

고모   사해는 사실 바다가 아니라 호수야. 요르단 강물이 들어와서는 빠져나가는 곳이 없고 빠르게 증발하다 보니 소금 농도가 짙어진 거지. 너무 짠 물이라 아무것도 살 수 없다고 해. 보통의 바닷물보다 훨씬 짜서 눈에 들어가면 큰일 나. 수영도 함부로 하면 안 돼.

희원   그래서 모두 앞을 보고 둥둥 떠 있기만 하는 거구나.

윤재   분쟁만 없다면 신비로운 사해도 있고 석유 나와서 케밥도 실컷 먹고 살기 좋을 것 같아.

희원   여자들이 히잡 쓰는 것도 빼고. 나갈 때마다 둘러야 하면 정말 귀찮을 것 같아.

윤재   하지만 누나는 딱 히잡이 어울릴 것 같은데? 못난 얼굴을 다 가리는 부르카는 어때?

희원   뭐야! 케밥 먹으러 가기로 했는데 넌 안 데려갈 거야!

윤재   취소, 취소. 그냥 히잡만 써. 히~잡! 히히히 나 잡아 봐라~!

희원   너, 거기 서!

진   남매는 또 시작이네.

히잡, 차도르, 부르카
모두 무슬림 여성들이 외출할 때 착용하는 가리개를 말해. 히잡은 목과 머리를 가리고, 차도르는 머리부터 온몸에 두를 수 있는 큰 외투야. 부르카는 셋 중 가장 커서 머리부터 얼굴과 몸 전체를 휘감아. 눈은 밖을 볼 수 있게 뚫려 있지만 망사로 가려져 있어.

우리가 잘 알고 있는 알코올, 설탕, 소다, 커피, 파자마, 면, 레몬, 연금술, 천문학 같은 것도 모두 5천 년의 역사를 가진 이 지역에서 시작되었거나 활발하게 사용되던 것들이래요. 찬란했던 문명이 옛날 이곳을 이끈 원동력이었다면 지금은 풍부한 자원이 그 역할을 하는 것 같아요. 그로 인해 원치 않는 일들도 일어나고 있지만요.

비옥한 초승달 모양의 땅. 초승달이 보름달이 되어 환하게 주위를 비추듯이 이곳도 다시 한번 둥실 떠오르기를 바라 봤어요.

지도를 그리며 놀자!

- 100쪽 지도를 보고 서남아시아와 북부 아프리카의 나라와 유명한 도시, 산맥, 사막 등의 위치를 표시해 보세요.
- 서남아시아와 북부 아프리카의 명소에 스티커를 붙여 보세요.
- 지도를 색칠하고 꾸며 완성해 주세요.
- 퀴즈도 풀어 보세요.

북부 아프리카와 중남부 아프리카의 경계가 되는 사막의 이름을 써 보세요.

세계 지도 속 서남아시아와 북부 아프리카의 위치를 확인하세요

퀴즈!

모리타니, 모로코, 알제리 같은 나라가 있는 지역을 가리키는 말로 서방을 뜻하는 아랍어는 뭘까요?

서남아시아와 북부 아프리카

뜨겁고 검고 빛나는
중남부 아프리카

중남부 아프리카는 사하라 사막 아래 지역을 말해. 대서양과 인도양 사이에 위치하고 적도가 중앙을 통과하지. 반도나 만이 거의 없어 해안선이 단조롭고 특별히 웅장한 산맥도 없어.

이 지역은 많은 국가와 종족으로 이뤄져서 풍부한 문화를 갖고 있지만, 대부분의 나라가 식민지 상태였다가 1960년대에 독립을 맞았어. 산이나 강 같은 자연 경계나 지역의 특성에 대한 충분한 고려 없이 각 나라의 국경선이 그려져서 지금도 많은 사람들이 고통과 분쟁을 겪고 있지.

최근 풍부한 자원 때문에 새롭게 주목받고 있는 중남부 아프리카에 대해 알아보자.

"잠보 잠보 브와나, 하바리가니 음무주리 사나." 아침부터 고모 방에서 알아들을 수 없는 소리가 흘러나왔어요. 이게 뭘까요? 고모가 케냐의 수도 나이로비의 빈민가 어린이들이 부른 노래라고 알려 줬어요. 노래 중간에 나오는 '하쿠나마타타'는 우리말로 번역하면 '괜찮아. 다 잘될 거야'라는 뜻이래요. 어려운 상황을 헤쳐 나가기 위한 주술 같은 노래인가 봐요.

윤재   고모, 하쿠나마타타. 남자 친구도 없고, 결혼할 생각도 안 하고, 매일 혼자 여행 갈 계획만 짜고 있지만 괜찮아. 다 잘될 거야.

고모   그래, 요 녀석아. 이 노래 가사는 스와힐리어야. 케냐와 탄자니아, 우간다에서는 스와힐리어를 공용어로 사용하고 있지. 대략 500만 명이 첫 번째 언어로 쓴다고 해.

진   아프리카에서는 스와힐리어 말고 다른 언어도 사용하나요?

고모   음, 그게 말이야. 아프리카에는 수많은 부족이 있는데, 저마다 고유한 언어를 가지고 있거든. 무지 많은 언어가 있는 셈이지. 하지만 어느 나라 지배를 받았느냐에 따라 영어나 프랑스어를 사용하기도 해.

희원   아프리카 국경선도 유럽의 지배를 받으면서 정해진 거랬지?

고모   잘 기억하고 있네. 맞아. 유럽 강대국들이 아프리카를 서로 나눠 가지면서 마음대로 국경선을 그어 버렸다고 얘기했어. 넓은 아프리카 대륙에 나라가 50여 개밖에 되지 않는 것도 마음대로 국경선이 정해졌기 때문이야. 그런데 진짜 문제는 그 과정에서 같은 민족이 각기 다른 나라로 나뉘지거나 한 나라 안에서 여러 민족이 같이 살게 되었다는 거야. 너희들이 잘 아는 마사이족은 케냐와 탄자니아 이렇게 두 나라에 나뉘져서 살고 있어. 또한 르완다에서는 후투족과 투치족이 대립하는 바람에 엄청난 사상자가 나기도 했지. 그건 그렇고. 너희들, 아프리카를 둘로 나누는 경계가 뭐였는지 기억나니?

> **마사이족**
> 아프리카 동부 케냐와 탄자니아의 국경 부근의 초원에서 살고 있는 부족으로 키가 크고 사자도 피할 정도로 용맹하다고 알려져 있어.

중남부 아프리카

세계 지도를 그려 볼까? **109**

중남부 아프리카를 들여다보자

중남부 아프리카 북쪽에는 사하라 사막이 있다. 동쪽에는 길이가 5000킬로미터에 달하는 동아프리카 지구대가 길게 이어져 있고, 적도가 지나는 곳에는 콩고 분지가 있다.

분지
가운데는 평평하고, 주위는 산으로 둘러싸인 지형.

콩고 분지 근처에는 중앙아프리카 공화국과 콩고 민주 공화국, 콩고, 가봉 같은 나라들이 있다. 상투메 프린시페는 화산섬으로 이루어진 작은 나라다.

세계 최대의 지구대인 동아프리카 지구대는 나일강, 잠베지강 등 아프리카 대륙의 하천이 시작되는 곳이다.

지구대
지구 내부의 판들이 움직이면서 지면이 내려앉아 낮은 지대가 계속 나타나는 지형을 말한다.

서부 아프리카는 사하라 사막 남쪽에서 기니만까지, 서쪽 세네갈에서 차드호까지 아프리카 대륙에서 불룩 나온 부분을 말한다.

남부 아프리카 대부분은 고원으로 이루어져 있고, 화산이나 지진 활동도 없다. 긴 해안선을 가진 남아프리카 공화국, 스텝 지대인 보츠와나와 나미브 사막에서 이름이 유래한 나미비아 등이 있다.

마다가스카르는 아프리카 동남쪽 인도양에 위치한 세계에서 네 번째로 큰 섬이다. 수십만 년 동안 고립됐기 때문에 다른 지역에서는 볼 수 없는 희귀 동식물이 많다.

지도 속 지명

사하라 사막, 다카르, 세네갈, 반줄, 감비아, 기니비사우, 비사우, 기니, 코나크리, 시에라리온, 프리타운, 코트디부아르, 야무수크로, 라이베리아, 몬로비아, 부르키나파소, 와가두구, 가나, 베냉, 토고, 아크라, 로메, 포르토노보, 나이지리아, 아부자, 니제르강, 차드호, 카메룬, 야운데, 말라보, 적도 기니, 기니만, 상투메 프린시페, 상투메, 중앙아프리카 공화국, 방기, 가봉, 리브르빌, 콩고, 브라자빌, 킨샤사, 콩고강, 콩고 분지, 콩고 민주 공화국, 키갈리, 르완다, 부룬디, 부줌부라, 우간다, 캄팔라, 케냐, 나이로비, 빅토리아호, 킬리만자로산, 탄자니아, 다르에스살람, 동아프리카 지구대, 루안다, 앙골라, 말라위, 릴롱궤, 잠비아, 루사카, 잠베지강, 모로니, 코모로, 마요트섬(프랑스령), 하라레, 짐바브웨, 모잠비크, 나미비아, 빈트후크, 칼라하리 사막, 보츠와나, 가보로네, 프리토리아, 마푸투, 스와질란드, 음바바네, 마세루, 레소토, 남아프리카 공화국, 드라켄즈버그산맥, 안타나나리보, 마다가스카르, 레위니옹섬(프랑스령), 인도양

사하라 사막

진   아, 기억나요. 사하라 사막이죠?
고모 딩동댕. 사하라 사막과 사헬 지대가 북부와 중남부 아프리카를 나누는 경계야.
윤재 사헬 지대는 뭐야? 죽을 사(死) 자에 지옥을 뜻하는 헬(hell)이 합쳐진 건가?
고모 오! 그럴 듯한데? 하지만 틀렸어. 사헬 지대는 사하라 사막 남쪽 가장자리의 지역을 말하는데, 사막과 열대의 특징이 모두 나타나는 곳이야. 연 강수량이 500밀리미터 미만이고 키가 작은 풀과 관목이 자라지. 최근에는 사막화가 빠르게 진행되고 있어. 보통 이 지역 아래를 중남부 아프리카라고 불러.
희원 중남부 아프리카 땅은 아프리카코끼리 귀와 비슷하게 생겼어.
고모 그러고 보니 닮았네. 이 지역에는 어떤 나라들이 있는지 살펴볼까? 중남부 아프리카에는 나라 이름이 같거나 비슷한 곳이 많아. 먼저 기니라는 이름이 들어간 나라가 셋 있지. 세네갈 아래쪽에 있는 기니비사우, 바로 옆에 기니. 조금 내려와서 적도 쪽에 다시 적도 기니가 있어. 기니비사우에서부터 적도 기니까지는 기니만이라고 해.
윤재 '기니'에 뭔가 특별한 뜻이 있는 거야?
고모 영국 빅토리아 시대에 사용되었던 화폐 중에서 가장 비싼 금화를 말한대. 아프리카 대륙은 거의 모든 나라가 식민 지배를 받아서 그와 관련된 사연이 있는 지역이 많아. 시에라리온은 영국의 흑인 노예들이 자유를 얻은 뒤 돌아온 곳이고, 바로 옆에 라이베리아 역시 미국 남부에서 해방된 노예들을 돌려보낸 곳이지. 프랑스에서 노예를 돌려보낸 곳은 현재 가봉의 수도인 리브르빌이야. '자유의 마을'이란 뜻이지.
윤재 고모. 콩고가 들어가는 나라도 2개나 되네요. 콩고 하니까 킹콩이 자꾸 떠올라요.
고모 콩고와 콩고 민주 공화국 모두 콩고 분지와 콩고강 주위에 있어서 이름이 비슷하지. 밤이면 콩고강을 사이에 두고 두 나라 수도의 불빛이 멀리서 보일 정도로 가깝다고 해.

중남부 아프리카

콩고는 프랑스의 식민 지배를 받았는데 프랑스에서 자국 탐험가 브라자가 이곳에 왔었다는 것을 강력하게 주장해서 수도 이름도 브라자빌이야. 콩고 민주 공화국은 벨기에의 식민 지배를 겪었는데 당시 이곳에서 생산된 천연고무 덕에 벨기에는 유럽에서도 손꼽히는 부국이 되었다고 해. 제국주의 나라들은 역시 자원이 많은 나라에 가장 욕심을 냈는데, 지금도 석유 매장량이 많아서 내부 갈등을 겪고 있는 나이지리아와 남아프리카 공화국, 가나 같은 나라였어.

희원   아프리카에는 동물들이 많잖아. 고모, 그 얘기 좀 해 줘.

고모   한때 이 고모가 케냐의 마사이마라 국립 공원과 탄자니아의 세렝게티 국립 공원을 누볐다는 거 아니냐. 두 국립 공원이 붙어 있어서 야생 동물이 계절에 맞춰 자유롭게 사바나 초원을 찾아 이동하는데 그 모습을 보기 위해 전 세계에서 사파리 여행을 오지. 이 고모도 갔다 왔단 말씀. 맞아나 봤나, 세렝게티의 바람. 크!

> **'검은 눈물' 석유**
> 나이지리아와 같은 나라에서는 정권을 잡은 사람들이 석유 판 돈을 자신들의 권력 유지에 사용해서 이 때문에 정작 국민들은 혜택을 못 받고 가난하게 살고 있지. 그래서 석유를 '검은 눈물'이라고 부르기도 해.

윤재　우리 고모 세렝게티 바람 맞은 여자야.

고모　아차, 정신 수습해야지! 아쉽게도 콩고에서는 고릴라와 코끼리의 서식지가 줄어들고 있어. 그 이유는 휴대폰 등에 쓰이는 콜탄을 캐기 위해서인데, 전 세계 콜탄의 80퍼센트가 콩고에 매장되어 있다고 해. 킬리만자로산이라고 들어 봤니? '킬리만자로의 표범'이라는 노래도 있지. 너흰 어려서 못 들어 봤을 수도 있겠다. 아무튼 탄자니아에 있는 이 산은 해발 5895미터로 아프리카 대륙에서 가장 높아. 적도에 있지만 산꼭대기에 녹지 않는 만년설을 이고 있지. 지구 온난화의 영향으로 점점 녹고 있긴 하지만.

희원　아프리카에 눈이 있다고?

고모　그럼. 아프리카라고 해서 무조건 덥다고만 생각하기 쉬운데 그렇지는 않아. 케냐의 수도 나이로비는 적도와 가까워서 더울 거라고들 생각하지만 해발 1700미터의 고산 지대라 그렇게 덥지 않아. 백인들이 이주를 위해 개척한 곳이기도 하고, 지금도 백인이 많이 살고 있어. 에티오피아의 아디스아바바 역시 2400미터, 남아공의 요하네스버그도 해발 1800미터에 있어서 덥지 않아. 우리나라 설악산보다 높다고 생각하면 이해가 되겠지.

진　해적 때문에 신문에 종종 등장하는 소말리아도 아프리카에 있죠?

고모　아, 소를 말리는지 피를 말리는지 모를 소말리아. 소말리아의 위치를 잘 살펴보면 '아프리카의 뿔'이라는 별명이 잘 어울린다는 생각이 들어. 가난 때문에 해적으로 나선 사람들이 많다니 안타깝지. 우리나라 어선도 피해를 입었을 정도야.

진　아, 여기 또 있어요. 이름 비슷한 나라.

윤재　진, 나는 벌써 찾았다. 잠비아와 감비아.

희원　시험에 나오면 획 하나 그어야 하나 말아야 하나 고민할 것 같아.

고모　잘 찾았어. 두 나라 모두 강 이름과 관련이 있어. 감비아는 감비아강을 따라 길게 생긴

2010년 남아프리카 공화국 월드컵

나라야. 잘 보면 세네갈을 파들어 간 것처럼 보이기도 하고 세네갈에 둘러싸여 있는 것처럼 보이지. 그럼 잠비아는? 바로 잠베지강 이름을 땄지. 잠비아는 아프리카 대륙 남쪽에 위치한 나라로, 잠베지강은 빅토리아호수로 흘러가.

희원   전에는 아프리카의 모든 나라들이 비슷할 거라 생각했는데 알고 보니 각양각색의 나라들이 모인 대륙이었어. 지금까지 얘길 들으면 아프리카 나라들은 참 힘들게 산 것 같아. 그래도 2010년에는 남아프리카 공화국에서 월드컵도 열렸잖아. 점점 좋아지고 있는 거지?

고모   그렇다고 볼 수 있지. 특히 남아프리카 공화국은 아프리카의 리더를 꿈꾸고 있는 나라야. 아프리카에서 컴퓨터를 사용하는 사람의 대다수가 남아프리카 공화국에 있다고 해. 광업 분야에서도 세계에서 손꼽히는 초강대국인데, 그중에서도 금 생산은 독보적이야. 하지만 흑백 인종 차별 정책의 후유증이 남아서 아직 해결해야 할 문제가 많아. 흑인 인구의 3분의 2가 최저 빈곤 기준 이하의 삶을 살고 있고, 하루 2달러 이하로 생활하는 인구 비율도 40퍼센트에 달한다고 해. 그래도 넬슨 만델라 전 대통령같이 흑백 갈등을 해소하고 화합을 이룬 인물이 있었던 것은 다행이야.

진   갈 길이 멀지만 희망적이라는 거죠?

고모   그렇지. 아프리카는 다양한 문화와 자원을 바탕으로 무궁무진한 힘이 숨어 있는 곳이야.

윤재   아프리카 대륙은 그리기가 쉬워서 좋아. 튀어나온 반도도 없고, 마다가스카르 같은

> **바오바브나무**
> 바오바브나무는 마다가스카르섬 남부 건조 지대와 케냐, 탄자니아 일부 지역에서 서식하는 진귀한 나무야. 수명이 무려 5천 년에 달하는 것도 있다. 나무줄기가 마치 뿌리처럼 보여서 신이 거꾸로 심었다는 이야기가 전해져.

> **오스트랄로피테쿠스**
> 초기의 인류를 말해. 1924년 남아프리카 요하네스버그의 한 해부학 교수가 발견해 '아프리카 남쪽의 원숭이'라는 의미로 오스트랄로피테쿠스 아프리카누스라고 명명했어.

큰 섬을 빼면 섬도 많지 않잖아.

희원   난 아프리카에 정말 꼭 가 보고 싶어. 우리나라에서 볼 수 없는 야생 동물이나 《어린 왕자》에 나오는 바오바브나무도 보고 싶고, 만년설을 이고 있는 킬리만자로산에도 올라가 보고 싶고, 천둥소리가 난다는 빅토리아 폭포도 구경하고 싶어.

고모   참, 오스트랄로피테쿠스 등 현생 인류의 시작이 아프리카라는 것 아니?

윤재   아니. 하지만 오스트랄로피테쿠스 같은 인류의 출현이 오늘날 우리 집에까지 이어지고 있다는 건 잘 알지. 잘 살펴봐. 우리 누나랑 닮은꼴 100퍼센트야.

희원   뭐야! 너, 거기 서 봐. 내가 오스트랄로피테쿠스면 넌 크로마뇽인이다.

윤재   뭐, 내가 도롱뇽이라고?

진   두 남매의 전쟁은 오늘도 시작!

아프리카는 가장 오래된 대륙이자 인류가 시작된 곳이라고 해요. 최초의 인류는 약 200만 년 전 아프리카에서 유라시아로 뻗어 나갔대요. 지금은 유럽과 아시아, 아메리카와 아프리카로 모두 흩어지고 각각의 모습을 갖고 있지만 결국 우리 모두의 조상은 아프리카인인 거예요. 피부색이 다르고 얼굴 생김새가 다르다 해도 우리는 같은 뿌리에서 시작됐다는 것을 잊지 말아야겠어요. 이렇게 생각하니 멀고 먼 아프리카가 무척이나 가깝게 느껴져요.

나 잡아 봐라.

중남부 아프리카, 좀 더 들여다볼까?

빅토리아 폭포
잠비아와 짐바브웨의 국경을 가르며 인도양으로 흘러가는 폭포로 최대 낙차가 108미터이다. 세계에서 가장 길다. 폭포를 발견한 영국의 탐험가가 빅토리아 여왕의 이름을 붙였다.

세렝게티
탄자니아의 국립 공원으로 케냐의 마사이마라 국립 공원과 붙어 있다. 수백만 마리의 야생 동물이 풀을 찾아 이동하는 장관이 펼쳐지는 곳이다.

상아 해안
코트디부아르라는 나라 이름은 프랑스어로 '상아 해안'이란 뜻이다. 15세기 후반부터 이곳이 상아 거래의 중심지가 되면서 붙여진 이름이다.

황금 해안
가나의 기니만 북쪽에 있는 해안이 황금 해안으로 불리는 이유는. 처음 포르투갈인들이 도착한 이후로 수많은 황금이 있는 곳으로 알려졌기 때문이다.

노예 해안
토고에서 니제르강 하구에 이르는 해안 지대를 말한다. 이곳에서 노예를 사고파는 무역이 성행했었다.

희망봉
남아프리카 공화국의 남서쪽 끝 대서양 해변에 있는, 암석으로 이루어진 곳이다.

지도 위 국가명: 세네갈, 감비아, 기니비사우, 기니, 시에라리온, 라이베리아, 코트디부아르, 부르키나파소, 가나, 토고, 베냉, 나이지리아, 카메룬, 적도 기니, 중앙아프리카 공화국, 가봉, 콩고, 콩고 민주 공화국, 우간다, 르완다, 부룬디, 케냐, 탄자니아, 앙골라, 잠비아, 말라위, 코모로, 짐바브웨, 모잠비크, 마다가스카르, 나미비아, 보츠와나, 스와질란드, 남아프리카 공화국, 레소토

지도를 그리며 놀자!

- 110쪽 지도를 보고 중남부 아프리카의 나라와 유명한 도시, 호수, 강, 분지 등의 위치를 표시해 보세요.
- 중남부 아프리카의 명소에 스티커를 붙여 보세요.
- 지도를 색칠하고 꾸며 완성해 주세요.
- 퀴즈도 풀어 보세요.

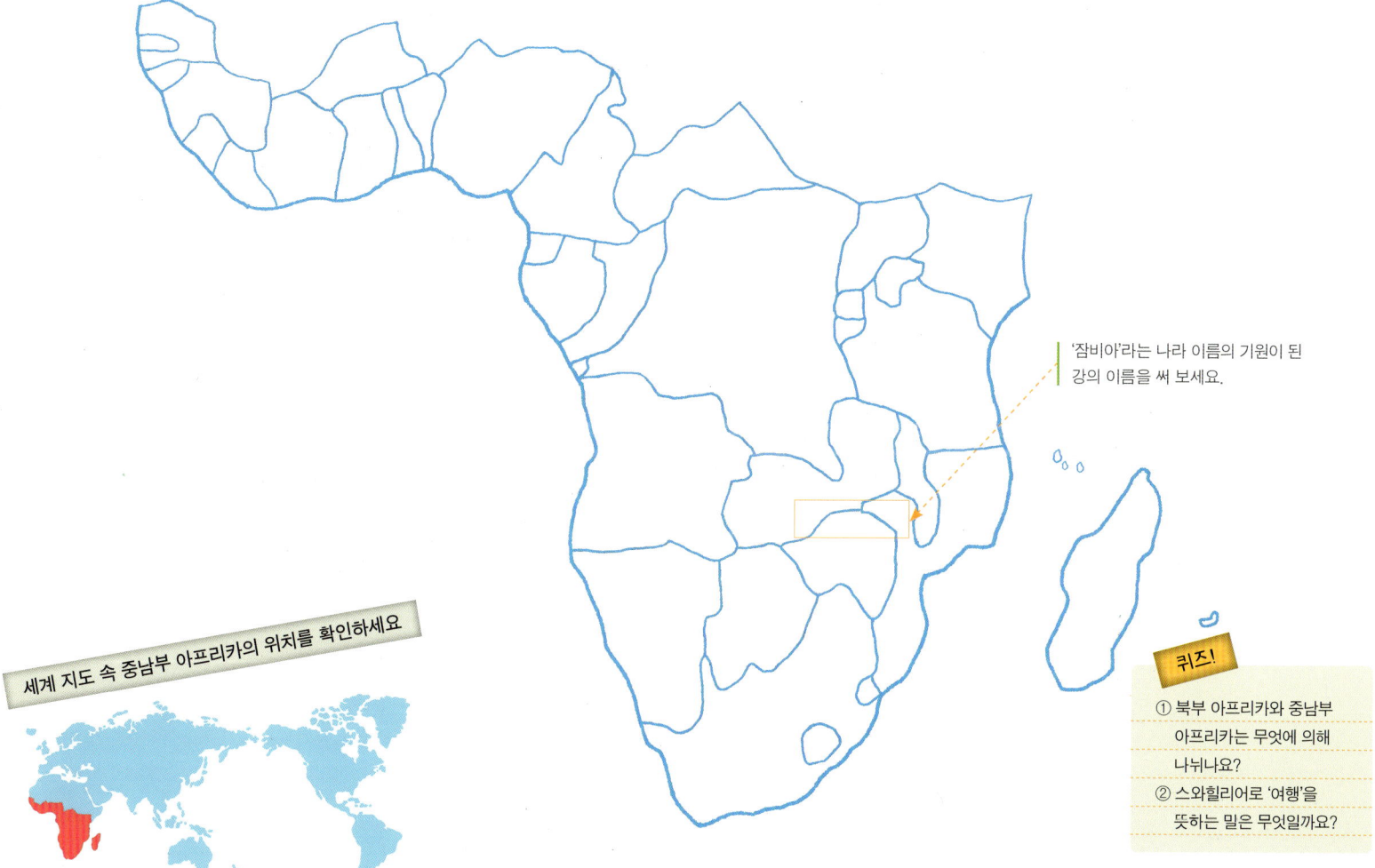

'잠비아'라는 나라 이름의 기원이 된 강의 이름을 써 보세요.

세계 지도 속 중남부 아프리카의 위치를 확인하세요

퀴즈!

① 북부 아프리카와 중남부 아프리카는 무엇에 의해 나뉘나요?
② 스와힐리어로 '여행'을 뜻하는 말은 무엇일까요?

유로의 씨앗이 되다 서부 유럽

유럽에서 가장 큰 섬나라인 영국과 아일랜드를 비롯해 유럽 대륙 서쪽에 위치한 프랑스, 독일, 베네룩스 삼국과 산이 많은 스위스와 오스트리아 등은 산업이 발달한 선진국이야. 내륙에 있는 서부 유럽 나라들은 대부분 낮은 땅으로 이루어져 있지. 특히 네덜란드는 국토의 거의 절반이 간척 사업을 통해 얻어진 땅이야.

영국과 아일랜드는 일 년 내내 불어오는 편서풍과 북대서양 해류의 영향으로 같은 위도에 있는 나라들보다 겨울에 더 따뜻하고 여름에 덜 더워. 이처럼 바다와 가까운 나라들은 해양성 기후인 반면, 오스트리아나 독일 등과 같이 바다가 먼 나라들은 대륙성 기후가 나타나고, 지중해와 접한 프랑스 남부는 겨울에 온화한 지중해성 기후를 보이기도 해. 서부 유럽에서는 영국에서 시작된 산업 혁명, 프랑스 왕족과 귀족들을 흔들었던 프랑스 혁명, 유럽을 폐허로 만들었던 두 차례의 세계 대전 등 세계사의 큼직한 사건들이 일어났어. 경제적으로 부유하고, 교육 수준과 평균 수명이 높은 나라들이 모여 있는 서부 유럽을 알아보자.

윤재는 아침부터 기분이 좋았어요. 일주일 동안 구두 닦기 심부름을 해서 아빠의 지갑에 숨어 있던 10유로짜리 지폐를 받았기 때문이에요. 처음에는 그냥 세종 대왕 할아버지가 그려진 만 원짜리 지폐를 달라고 부르짖더니 10유로를 환전하면 만 원이 넘는다는 말을 듣고는 만세를 부르며 재빨리 주머니에 챙기더라고요.

유로가 사용되는 지역을 유로존이나 유로랜드라고 부른다고 아빠가 알려 주었어요. 유럽 연합에 가입한 나라 중 스웨덴을 포함한 몇 개국을 제외한 대부분의 나라에서 유로를 자유롭게 사용할 수 있대요. 우리나라 원화는 한국은행에서 관리하잖아요. 그럼 여러 나라에서 사용하는 유로는 어디서 관리할까요? 이럴 때는 고모를 불러서 물어봐야지. 똑똑한 고모 어디 있어?

> **유로**
> 유로는 1995년 유럽 정상 회의에서 사용이 결정되고 2002년부터 실질적인 화폐로 통용되기 시작했어. 유로화를 동일한 화폐로 사용하기로 결정한 국가들을 '유로존'이라고 하지. 유럽 중앙 은행은 유로를 사용하는 나라들의 물가를 안정시키는 역할을 해.

고모 밤새 여행 계획 짜느라 잠도 못 잔 고모를 일찍부터 왜 불러? 내가 인사도 안 하고 비행기 탔을까 봐?

희원 고모, 유로는 어디서 만들고 관리하는 거야?

고모 유럽 중앙 은행에서 하지. 유럽 중앙 은행은 비행기를 타고 바로 가도 11시간 이상이 걸리는 독일의 프랑크푸르트에 있어.

진 유럽? 오! 봉주르 고모 님. 오늘은 유럽에 대해 배우는 거예요?

고모 그래. 오늘은 서부 유럽과 유럽 연합(EU)에 대해 배우자. 유럽 연합은 유럽의 경제·정치 공동체를 말해. 늘 잦은 분쟁과 전쟁으로 시끄럽던 유럽 나라들이 왜 이런 공동체를 만들게 되었을까? 가장 큰 이유는 일본과 미국이 점점 강해지자 그에 대적하기 위해서 뭉쳐야겠다고 생각했기 때문이야. 유럽 연합이 만들어지면서 생긴 가장 두드러진 변화는 유로의 사용이라고 할 수 있어. 같은 돈을 쓰니까 경제적으로 소통하고 관리하기가 편리해졌지.

제2차 세계 대전
1939년 9월 폴란드 공격을 시작으로 독일의 히틀러가 일으킨 전쟁이야. 독일은 영국을 제외하고 거의 모든 유럽을 장악했고 일본은 동남아시아의 여러 나라를 점령했으나, 연합군의 반격으로 1945년 5월 독일이, 8월 일본이 항복하면서 끝났지.

윤재 그럼 언제부터 유럽 연합이 생겼어?

고모 유럽 연합은 제2차 세계 대전이 끝나고 벨기에, 네덜란드, 룩셈부르크가 결성한 베네룩스라는 경제 통합체를 바탕으로 시작되었어. 뒤이어 독일, 프랑스, 이탈리아 등의 나라들이 유럽 석탄 철강 공동체를 설립했고, 1967년에는 유럽의 경제 통합을 목적으로 하는 유럽 공동체가 만들어졌지. 이것이 1993년 11월부터 유럽 연합으로 발전했어.

희원 그럼 유럽의 모든 나라들이 다 유럽 연합에 가입되어 있어?

고모 아니, 2021년 현재 회원국 수는 27개국이야. 2020년에 영국이 오랜 고민과 국민 투표 결과 탈퇴했고, 터키는 이슬람 국가라는 종교적인 이유로 아직 유럽 연합에 가입을 못하고 있어. 모로코는 지리적으로 유럽 대륙에 속하지 않은 국가라서 가입을 거절당했지.

진 이렇게 많은 나라가 모여 있는데 평화롭게 지낼 수 있을까요?

고모 물론 다양한 민족과 종교를 가진 나라들이어서 여러 문제가 발생할 소지가 있지. 유럽 연합이라는 한 지붕 아래 잘 풀어 나가야 할 거야.

윤재 고모, 난 영국이 궁금해. 영국 하면 뭐니 뭐니 해도 축구지. 맨체스터, 리버풀 등 생각만 해도 끝내주는 팀들이 많잖아. 영국에서 축구 선수로 뛰는 상상만 해도 가슴이 뛰어. '강윤재 선수가 드디어 골을 넣었습니다. 정말 자랑스럽습니다!' 아, 감격해하는 아나운서의 목소리가 들리는 것 같아.

진 뭐가 들린다는 거야? 너 귀 청소 좀 해야겠다. 그런데 고모, 지도를 보면 왜 아일랜드 땅 일부가 영국이라고 되어 있어요?

고모 영국을 말할 때 잉글랜드라고도 하는데 잘못된 말이야. 영국은 잉글랜드와 스코틀랜드, 웨일스가 있는 그레이트브리튼섬과 아일랜드섬 북동부에 있는 북아일랜드가 합쳐진 연합 왕국이거든. 아일랜드는 약 300년 동안 영국의 지배를 받다가 1921년에 자치권을

유럽 스포츠
축구, 럭비, 골프, 배드민턴, 승마, 테니스, 하키, 볼링, 크리켓 등은 모두 영국에서 시작한 운동 경기야. 영국의 프리미어 리그, 에스파냐의 프리메라 리가, 이탈리아의 세리에 A는 세계 3대 축구 리그지.

서부 유럽

얻었는데, 북아일랜드는 영국의 일부로 남겨졌지.

희원   고모, 그림 형제의 동화를 읽거나 유명한 미술과 음악 작품을 접할 때는 서부 유럽이 아름다운 곳이라고 느꼈는데 세계 대전을 일으키거나 많은 식민지를 지배했던 제국주의 나라들이 여기에 속한 걸 알고 나서는 마냥 좋게만 생각되지는 않았어. 영국은 지구의 동쪽부터 서쪽까지 식민지가 하도 많아서 '해가 지지 않는 나라'라고 불렸대.

고모   맞아. 하지만 제2차 세계 대전이 끝나고 1947년에 인도를 시작으로 1980년에 짐바브웨가 국가로서는 마지막으로 독립을 했고, 1997년에는 홍콩을 중국에 반환하면서 영국의 식민 지배도 끝이 났어. 영국뿐 아니라 프랑스도 알제리, 튀니지, 베트남 등 많은 식민지가 있던 나라였지.

진   고모, 전 프랑스 하면 파리, 파리 하면 역시 에펠 탑이 떠올라요.

고모   지금은 파리를 대표하는 상징물이 되었지만, 에펠 탑을 처음 세웠을 때 파리 사람들은

루브르 박물관

철골을 그대로 드러낸 에펠 탑이 거리의 아름다움을 해친다고 좋아하지 않았대. 에펠 탑 말고도 프랑스는 세계적인 관광지가 많은 나라야. 파리에 있는 루브르 박물관, 개선문, 노트르담 대성당, 오르세 미술관 외에도 아름다운 해변과 국립 공원이 많아서 작은 지방 도시까지 많은 관광객이 프랑스를 찾고 있지. 하지만 고모가 생각하기에 프랑스를 대표하는 단어는 자유인 것 같아. 생각의 자유, 표현의 자유, 학문의 자유 등을 중요하게 여기는 프랑스 사람들은 옷 입는 것 하나까지도 남들과 똑같이 하는 것을 제일 싫어해.

윤재　그래서 프랑스가 패션으로 유명하구나.

고모　프랑스 사람들이 이렇게 자유를 중요하게 생각하는 건, 국가의 모든 권력이 왕에게 있던 절대 왕정을 시민의 힘으로 무너뜨렸던 역사를 가지고 있기 때문이야. 프랑스 대혁명 당시 시민들이 사용했던 자유, 평등, 박애의 뜻을 담은 삼색기는 지금의 프랑스 국기가 되었고, 그 의미는 프랑스 국민들의 정신적 뿌리가 되었어.

> **프랑스 대혁명**
> 루이 14세에서 16세에 이르는 시기에 전쟁과 귀족들의 사치로 프랑스 국민들은 어려운 생활을 해야 했어. 마침내 미국의 독립 선언문에 영향을 받은 시민들이 1789년 바스티유 감옥을 함락시키고 국왕의 권력을 무너뜨리는 혁명을 일으켰지. 이 혁명으로 루이 16세와 아내인 마리 앙투아네트는 죽고, 로베스피에르라는 사람이 공포 정치를 하게 되었어.

> **마셜 플랜**
> 1947년 6월 미국이 발표한 유럽 경제 원조 정책이야. 제2차 세계 대전 후, 미국은 유럽의 여러 나라들이 공산화되는 것을 막기 위해 서유럽 12개 나라에 4년 동안 120억 달러를 지원했어.

진   윤재야, 나에게 자유를 줘 봐. 널 어떻게 괴롭힐지 창의적으로 생각 좀 해 볼게.

윤재   뭐? 그건 내가 할 말이야. 고모, BMW, 벤츠, 아우디 같은 이름난 자동차를 만드는 독일 얘기도 해 줘.

고모   그래, 알았어. 고모는 독일이 '라인강의 기적'을 만든 나라라고 배웠었어. 제2차 세계 대전이 끝나고 폐허가 된 독일은 서독과 동독으로 갈라지게 되었고 경제 발전은 기대하기 힘든 상황이었지. 하지만 미국의 마셜 플랜과 국민들의 꾸준한 노력이 독일을 세계 주요 경제 대국으로 만들어 놓았어. 그래서 독일을 대표하는 라인강에 기적이라는 단어를 붙인 거야.

희원   아, 친구 이모가 무너진 베를린 장벽의 돌을 기념으로 갖고 있는 걸 보았어.

고모   그거 귀한 기념품인데 대단한걸. 1961년부터 서독과 동독을 갈라 놓았던 베를린 장벽이 자유를 원하던 국민들에 의해서 1989년 11월에 붕괴되었지. 그리고 1990년 봄에 동독 국민들의 선거를 통해 서독과 통일이 되었어.

윤재   우리도 휴전선을 기념품으로 가지고 있을 날이 올까? 그랬으면 좋겠어.

고모   그러게. 고모가 퀴즈 좀 내 볼까? 깊은 계곡과 성벽으로 둘러싸여서 '유럽 최강의 요새'라 불린 나라가 있어. 이 나라를 나폴레옹은 '유럽의 골동품'이라고 불렀지. 힌트는 나라명과 수도명이 같은 나라야. 어딜까?

윤재   룩셈부르크. 지도에서 이름이 같은 걸 봤어. 맞지?

고모   빙고! 역시 윤재가 지도를 보는 관찰력이 뛰어난데? 그럼 너희들이 좋아하는 와플과 파란색 소인들의 이야기인 스머프가 만들어진 나라는 어디일까?

희원   내가 엄청 좋아하는 스머프와 가가멜이 나오는 이야기? 글쎄……. 어느 나라야?

고모   정답은 룩셈부르크와 네덜란드 사이에 있는 벨기에야. 이번에는 자연지리 퀴즈 좀 내

알프스산맥

볼까? 유럽에서 가장 큰 산맥은 뭘까?

진   고모, 저요. 알프스산맥이요. 그리고 제일 높은 산은 몽블랑산.

고모   딩동댕. 윤재와 진이가 퀴즈를 맞혔으니까 공부 끝나면 고모가 맛있는 아이스크림을 만들어 주지. 알프스산맥은 프랑스 남부에서 오스트리아 동부까지 약 1200킬로미터가 뻗어 있어. 유럽에서 가장 인기 있는 스키장이라 스키를 즐기러 오는 사람들이 많아. 하지만 스키장을 만들기 위한 무리한 개발이 알프스의 자연을 해치는 결과를 가져왔으니 안타까운 일이야.

진   한국에서 스키를 한 번 타 본 적이 있는데 정말 힘들었어요. 내려올 때 어찌나 아찔하던지. 추운데도 등에서 땀이 나더라고요.

윤재   스키 하면 또 이 윤재지. 바람을 가르는 속도감과 뛰어난 점프력까지……

희원   갖추고 싶다는 거지? 스키 하면 고모잖아. 고모, 스키 자세 가르쳐 줘. 응?

여러 나라의 '안녕하세요'
봉주르 - 프랑스
봉지아 - 포르투갈
부온조르노 - 이탈리아
도브리덴 - 체코
할로 - 네덜란드
구텐탁 - 독일
올라 - 에스파냐
세르부스토크 - 헝가리
야사스 - 그리스

"그래, 내가 가르쳐 주지."라고 하더니 고모는 연필 두 자루를 양손에 움켜쥐고 '나는야, 스키를 타는 타잔이다'를 외치며 스키를 타는 모습을 흉내 내었어요. 우리는 엉덩이를 실룩이는 고모의 동작을 따라 하면서 얼마나 웃었는지 몰라요.

잠들기 전 고모는 유럽이라는 이름이 그리스 신화에 나오는 여신인 에우로페라는 이름에서 왔다고 알려 주었어요. 최고의 신인 제우스가 아름다운 에우로페에 반해 황소로 변한 뒤 그녀를 태우고 다녔던 곳을 유럽이라고 부르게 되었대요.

저는 성격이 다른 여러 나라들을 묶은 유럽 연합에 대해 다시 떠올렸어요. 어려운 수학 문제를 혼자서 풀 수 없을 때 여러 친구들이 머리를 맞대고 풀면 쉬운 것처럼 유럽에 골치 아픈 문제가 생길 때 유럽 연합이 서로 뭉치면 큰 힘을 발휘할 수 있겠죠?

서부 유럽, 좀 더 들여다볼까?

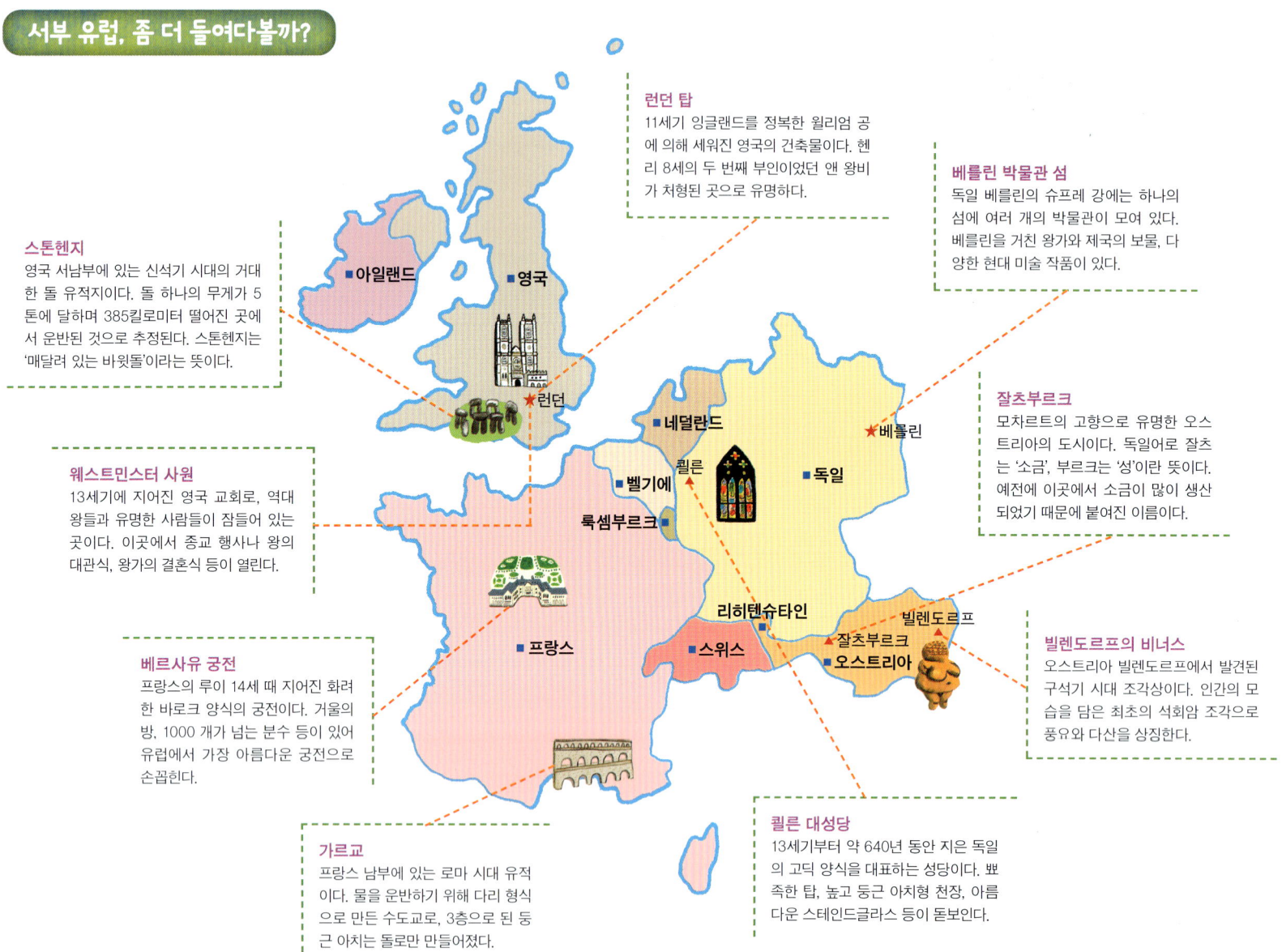

런던 탑
11세기 잉글랜드를 정복한 윌리엄 공에 의해 세워진 영국의 건축물이다. 헨리 8세의 두 번째 부인이었던 앤 왕비가 처형된 곳으로 유명하다.

베를린 박물관 섬
독일 베를린의 슈프레 강에는 하나의 섬에 여러 개의 박물관이 모여 있다. 베를린을 거친 왕가와 제국의 보물, 다양한 현대 미술 작품이 있다.

스톤헨지
영국 서남부에 있는 신석기 시대의 거대한 돌 유적지이다. 돌 하나의 무게가 5톤에 달하며 385킬로미터 떨어진 곳에서 운반된 것으로 추정된다. 스톤헨지는 '매달려 있는 바윗돌'이라는 뜻이다.

잘츠부르크
모차르트의 고향으로 유명한 오스트리아의 도시이다. 독일어로 잘츠는 '소금', 부르크는 '성'이란 뜻이다. 예전에 이곳에서 소금이 많이 생산되었기 때문에 붙여진 이름이다.

웨스트민스터 사원
13세기에 지어진 영국 교회로, 역대 왕들과 유명한 사람들이 잠들어 있는 곳이다. 이곳에서 종교 행사나 왕의 대관식, 왕가의 결혼식 등이 열린다.

베르사유 궁전
프랑스의 루이 14세 때 지어진 화려한 바로크 양식의 궁전이다. 거울의 방, 1000개가 넘는 분수 등이 있어 유럽에서 가장 아름다운 궁전으로 손꼽힌다.

빌렌도르프의 비너스
오스트리아 빌렌도르프에서 발견된 구석기 시대 조각상이다. 인간의 모습을 담은 최초의 석회암 조각으로 풍요와 다산을 상징한다.

가르교
프랑스 남부에 있는 로마 시대 유적이다. 물을 운반하기 위해 다리 형식으로 만든 수도교로, 3층으로 된 둥근 아치는 돌로만 만들어졌다.

쾰른 대성당
13세기부터 약 640년 동안 지은 독일의 고딕 양식을 대표하는 성당이다. 뾰족한 탑, 높고 둥근 아치형 천장, 아름다운 스테인드글라스 등이 돋보인다.

지도를 그리며 놀자!

- 120쪽 지도를 보고 서부 유럽의 나라와 유명한 도시, 산맥, 강, 분지 등의 위치를 표시해 보세요.
- 서부 유럽의 명소에 스티커를 붙여 보세요.
- 지도를 색칠하고 꾸며 완성해 주세요.
- 퀴즈도 풀어 보세요.

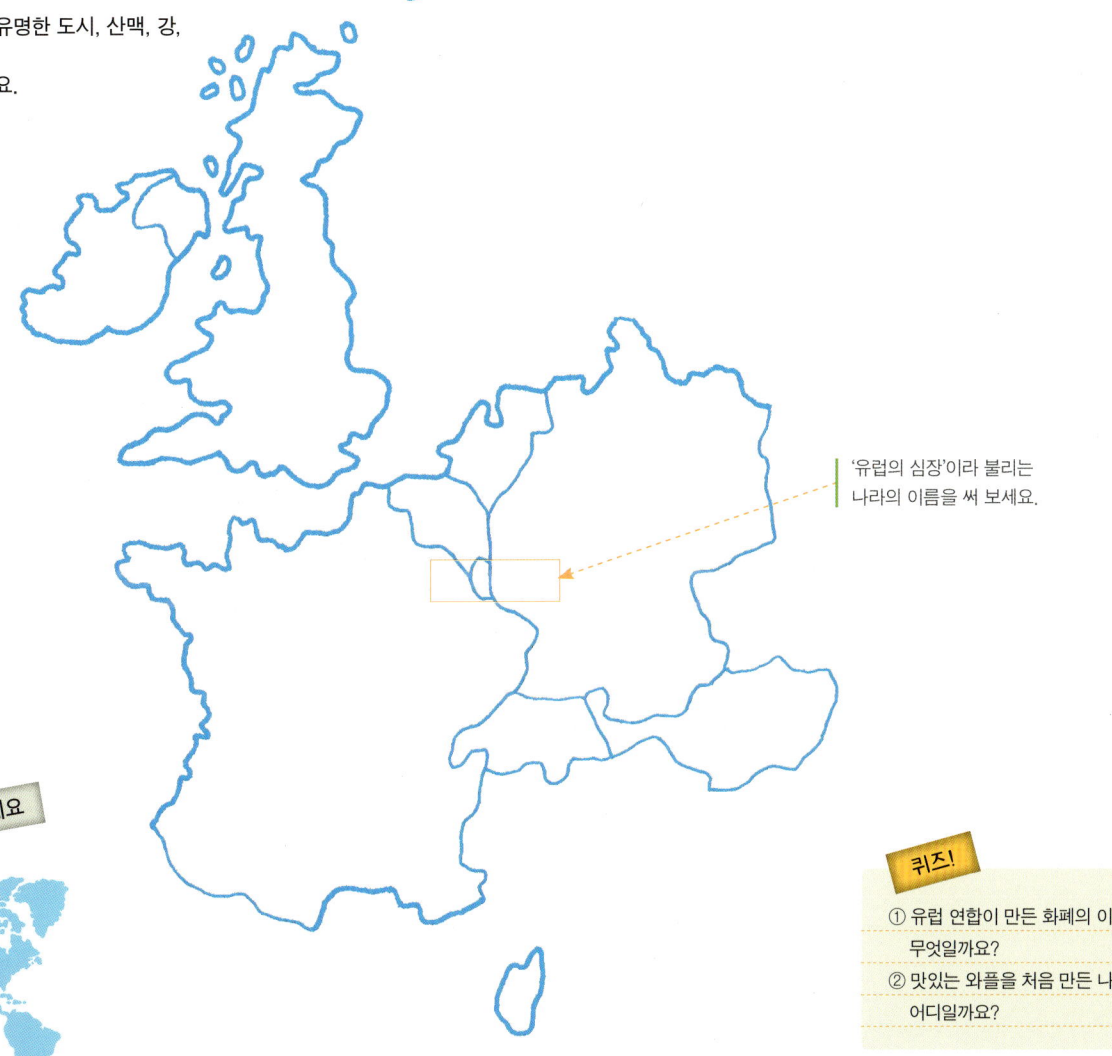

'유럽의 심장'이라 불리는 나라의 이름을 써 보세요.

세계 지도 속 서부 유럽의 위치를 확인하세요

퀴즈!

① 유럽 연합이 만든 화폐의 이름은 무엇일까요?
② 맛있는 와플을 처음 만든 나라는 어디일까요?

롱십을 타고 흑해까지 가 보자
동부 및 북유럽

동부 유럽은 유럽에서 가장 큰 면적을 차지하고 있어. 대륙성 기후가 나타나고 동쪽으로 갈수록 강수량이 적어지지. 20세기 초에 폴란드, 체코를 비롯한 대부분의 동유럽 국가들이 러시아의 지배를 받은 적이 있어. 또 슬라브인, 투르크인, 헝가리인 등 민족이 다양하고 문화적 차이가 커서 싸움이 잦았지.
북유럽은 대부분 추운 기후에 메마른 땅, 적은 자원을 가지고 있어. 인구도 서부 유럽의 7분의 1에 불과해. 하지만 북유럽의 나라들은 일찍부터 민주주의가 발달했고 사회 복지가 잘 이루어져 있어서 국민들은 교육, 보건 등에서 많은 혜택을 누리고 있지. 노르웨이는 난류의 영향으로 높은 위도에 비해 따뜻하고, 유틀란트반도를 차지하는 덴마크는 발트해의 중요한 길목 역할을 해.
복지 제도가 잘 되어 있는 북유럽과 사회주의를 버리고 자유주의를 선택해서 경제를 일으키려고 노력하는 동부 유럽에 대해서 알아보자.

주말인데 별다른 일 없이 집 안에서 꼼짝 않고 있었더니 윤재와 진이가 심심했는지 어제 본 SF 영화의 장면들을 흉내 냈어요. 모자부터 광선 검과 총까지 꽤 비슷하더라고요. 하지만 고모는 쯧쯧 혀를 차더니 '좀 더 리얼하게 바이킹처럼 어깨를 쫙 펴고 무서운 표정을 지어야지.'라고 말했어요. 진이가 바이킹은 놀이 기구가 아니냐고 물었어요. 고모의 긴 한숨 소리가 이어졌지요. 바이킹은 8세기부터 11세기에 걸쳐 덴마크, 노르웨이, 스웨덴을 거점으로 바다를 항해하며 유럽 대륙뿐 아니라 멀리 지금의 북아메리카까지 가서 약탈과 침략을 했던 사람들이래요. 고모, 그럼 바이킹이 콜럼버스보다 먼저 아메리카를 발견한 거야?

고모   당연하지. 바이킹은 콜럼버스보다 500년 앞서 지금의 캐나다 래브라도 지역을 발견했어. 먼저 영국과 아이슬란드를 점령하고 서쪽으로 그린란드와 북아메리카, 남쪽으로 프랑스와 에스파냐를 넘어 아프리카까지, 동쪽으로는 러시아에서 서남아시아까지 침략했어. 바이킹이 만든 롱십은 총 길이 30미터가 넘고 30~40명 정도가 한꺼번에 탈 수 있는 대형 배였지. 당시로서는 어마어마하게 큰 거야.

진   우와. 왜 그렇게 멀리까지 전쟁에 나섰나요?

고모   그들이 살던 땅은 높은 산맥과 추운 날씨 때문에 농사를 짓기 어려웠거든.

윤재   대단하다. 침략 기간이 좀 더 길었으면 태평양을 건너 우리나라까지 왔을지도 몰라. 그런데 지금은 왜 바이킹이 없어?

고모   10세기 말부터 정복한 땅에 정착하며 사는 바이킹이 늘어났기 때문이야. 바이킹 시대는 점차 사라지게 되었지. 하지만 새로운 땅을 발견하고자 하는 탐험 정신은 세계 최초로 그린란드를 횡단한 난센과 세계 최초로 남극점에 도달한 아문센에게로 이어졌어. 그 둘은 바이킹의 후손인 노르웨이인이지.

동부 및 북유럽을 들여다보자

유럽 북쪽에는 춥고 언 땅이 많다. 스칸디나비아산맥과 많은 호수가 있는 지역이다. 다뉴브강이 흐르는 남쪽은 따뜻한 아드리아해와 흑해와 접해 있다.

노르웨이는 유럽 대륙에서 가장 북쪽에 있는 나라로 피오르드가 유명하다. 핀란드는 전 국토의 3분의 2가 삼림이고 호수가 많으며, 덴마크는 대부분이 평지다.

피오르드
빙하의 침식으로 만들어진 골짜기에 빙하가 없어지고 바닷물이 들어와서 생긴 좁고 긴 만을 말한다. 만은 바다가 육지 쪽으로 파고 들어와 있는 땅이다. 만을 둘러싼 양쪽 해안은 경사가 급하며 U 자형 계곡이 형성된다.

노르웨이와 스웨덴의 국경선 역할을 한다.

에스토니아, 리투아니아, 라트비아를 발트 삼국이라고 한다.

체코의 수도 프라하에는 블타바강이 흐르고, 헝가리 중심으로는 다뉴브강이 흐른다.

우크라이나는 천연자원이 풍부한 나라이고, 루마니아는 발칸반도에서 가장 큰 나라이다.

지명: 그린란드, 아이슬란드, 레이캬비크, 스칸디나비아산맥, 스웨덴, 핀란드, 노르웨이, 스칸디나비아반도, 헬싱키, 오슬로, 스톡홀름, 탈린, 에스토니아, 북해, 유틀란트반도, 리가, 라트비아, 덴마크, 발트해, 리투아니아, 대서양, 코펜하겐, 빌뉴스, 칼리닌그라드(러시아령), 민스크, 벨라루스, 독일, 바르샤바, 프라하, 폴란드, 키예프, 블타바강, 체코, 우크라이나, 슬로바키아, 브라티슬라바, 부다페스트, 몰도바, 키시네프, 헝가리, 슬로베니아, 루마니아, 자그레브, 크로아티아, 베오그라드, 부쿠레슈티, 크림반도, 보스니아-헤르체고비나, 세르비아, 불가리아, 몬테네그로, 소피아, 흑해, 스코페, 아드리아해, 마케도니아, 알바니아, 발칸반도, 그리스, 사라예보, 티라바, 포드고리차, 다뉴브강

> **그린란드**
> 지구에서 최북단에 있는 세계에서 가장 큰 섬이야. 빙설 기후가 80퍼센트이고 나머지는 툰드라 기후지만 근래에는 지구 온난화로 기온이 높아져 채소를 재배할 수 있는 기간도 생겼대.

진 고모, 궁금한 게 있는데요, 아이슬란드 위쪽의 그린란드(Greenland)는 녹색 땅이라는 이름처럼 푸른 초원이 많아요?

고모 아니, 그린란드는 에리크라는 사람이 아이슬란드 사람들을 이주시키기 위해 붙인 이름일 뿐이야. 이름과 달리 식물을 재배할 수 없는 얼음 땅이지. 노르웨이, 스웨덴, 덴마크가 서로 자기 땅이라고 주장하다가 1814년 나폴레옹 전쟁 후에 덴마크가 차지했어. 지금도 국방이나 외교에 대한 결정권은 덴마크에 있지. 너희들, 북유럽에서 불과 얼음으로 유명한 나라가 어딘지 아니?

윤재 아이슬란드! 아이스가 들어가서 찍었어.

고모 빙고! 찍기 실력이 수준급이야. '얼음 나라'라는 뜻의 이름답게 아이슬란드는 빙하 지역이 많아. 반면 화산이 많고 활동도 활발하게 이뤄지기 때문에 땅의 열과 온천수로 난방을 하기도 해. 간헐천이 많아서 수도명이 '연기 나는 만'이라는 뜻의 레이캬비크야.

희원 우리나라도 땅 밑에 온천수가 흐르면 집마다 노천탕을 만들 수 있겠다. 매일 거기에서 놀면 신날 거야.

고모 뭐, 화산이 있어서 꼭 좋기만 한 것은 아니야. 2010년에는 화산 폭발 때문에 화산재가 대서양 상공을 덮었거든. 이때 영국, 덴마크, 프랑스 등에서는 항공기 운항이 금지되기도 했어. 화산재에는 작은 암석과 모래 알갱이들이 섞여 있어서 그것들이 항공기 엔진에 들어가면 탑승객들의 생명이 위험해질 수도 있기 때문이야. 이렇게 비행기가 결항되면 수입과 수출이나 관광 산업에 타격이 크지.

윤재 스칸디나비아반도, 유틀란트반도에 발트해, 아드리아해까지. 이 지역은 이름도 길고 복잡하고, 나라 수도 많아.

고모 아무래도 오랜 역사 속에서 다양한 민족들이 살아와서일 거야.

> **간헐천**
> 뜨거운 물과 수증기, 가스 등이 일정한 간격을 두고 분출하는 것을 말해. 화산 지대에 특히 많은데 아이슬란드, 뉴질랜드, 미국의 옐로스톤 공원 안의 간헐천이 유명해.

진	고모, 지도를 보니 발트해는 바다가 아니라 육지로 둘러싸인 호수 같아요.
고모	그렇게 보이지만 발트해는 바다가 맞아. 하지만 스칸디나비아반도와 유틀란트반도가 둘러싸고 있고, 북해로 연결되는 입구가 좁아서 해류의 흐름이 원활하지는 못해. 바닷물이 잘 순환되지 않으니 해안가 공장에서 배출하는 폐수가 제대로 정화되지 못하고 수질 오염이 점점 심각해지고 있어. 너희들, 노벨상이 뭔지 알지?
진	설마 노벨상을 모를 리가요? 윤재야, 넌 알아?
윤재	에헴, 노벨 아저씨의 유언으로 매해 스웨덴에서 주는 멋진 상이지.
고모	맞아. 매해 12월 10일 시상식을 하는 세계에서 가장 권위 있는 상이야. 하지만 스웨덴에서만 선정하는 것은 아니고, 평화상은 노르웨이 노벨위원회에서 선정해.
희원	고모, 나는 동유럽이 궁금해. 뭔가 알려지지 않은 게 많은 지역인 것 같아.
고모	동부 유럽은 제2차 세계 대전이 끝나고 대부분이 공산주의 국가가 되었어. 1946년 영국의 총리였던 처칠은 소련을 중심으로 공산주의가 되어 가는 동유럽과, 미국을 중심으로 자유주의가 되어 가는 서유럽의 경계를 '철의 장막'이라고 표현했지. 이렇게 미국과 소련을 비롯해 두 나라 동맹국들이 대립하던 시기를 냉전 시대라고 불러. 특히 루마니아, 헝가리, 불가리아는 공산주의 국가였던 소련의 간섭이 심했어. 소련의 지도자이자 무자비한 독재자로 유명했던 스탈린이 1953년에 죽고, 흐루쇼프가 지도자가 되면서 동부 유럽 국가들도 점차 공산주의를 벗어나려고 노력했지. 1988년 이후에는 이들 국가에 여러 변화가 생겼어. 루마니아는 악명 높은 독재자 차우셰스쿠가 국민들에게 사형을 당했고, 헝가리는 1989년에 시장 경제를 도입했어. 체코슬로바키아는 체코와 슬로바키아로 분리, 독립했지.
진	동유럽에는 고풍스럽고 멋진 관광지가 많다고 들었어요.

노벨상

알프레드 노벨은 자신이 발명한 다이너마이트가 무기로 사용되어 많은 사람들의 생명을 앗아간 것을 알고는 자신의 재산이 인류의 평화를 위해 사용되기를 바라며 노벨상을 만들었지. 노벨상의 종류에는 물리학상, 화학상, 생리학 및 의학상, 문학상, 평화상, 경제학상이 있는데 우리나라에서는 2000년에 고 김대중 대통령이 평화상을 수상했어.

세계 최고의 복지 국가

스웨덴은 사회 보장 제도가 가장 잘 되어 있는 나라야. 사회 보장 제도란 경제 수입이 적어 건강, 노후, 교육 등의 생활에 문제가 있을 경우 국가가 최소한의 생활을 보장해 주는 것을 말해.

공산주의와 자유주의
공산주의는 사회의 모든 구성원이 재산을 공동 소유하여 빈부 차이를 없애는 것을 추구해. 자유주의는 개인의 자유를 소중하게 여기며 시장에서 자유로운 경쟁을 통해 상품의 가격이 정해지는 시장 경제를 추구하지.

고모 북쪽의 로마라고 불리는 체코의 수도 프라하가 대표적이야. 제2차 세계 대전 중에도 건물들이 손상을 입지 않아서 유럽에서 가장 보존이 잘된 중세 도시의 모습을 하고 있지. 헝가리의 수도 부다페스트도 낭만적인 거리들이 많아. 고모는 그곳에서 들었던 악단들의 연주를 잊을 수 없어. 아~ 바이올린을 켜던 금발의 미남이 떠올라.

희원 고모, 또 꿈꿔? 혼자 상상 그만하고 다른 얘기 좀 해 줘.

고모 그래, 알았다고. 너희, 지도에서 아드리아해 서쪽에 많은 나라들을 봤지? 원래 그곳에 유고슬라비아라는 나라가 있었는데 1991년 이후 7개국으로 분리되었어. 그 과정에서 여러 번 내전이 일어났는데 세르비아와 보스니아-헤르체고비나의 전쟁은 제2차 세계 대전 다음으로 유럽에서 큰 전쟁이었어.

진 전쟁 영화만 봐도 끔찍한데 실제 전쟁은 상상하기도 싫어요.

고모 정말 무서운 흡혈귀 드라큘라 이야기해 줄까?
드라큘라의 모델은 15세기 루마니아에 살았던 블라드 체페슈라는 백작인데

유고슬라비아의 분리
제2차 세계 대전 이후 유고슬라비아를 통일시킨 티토는 다민족 국가를 안정시키기 위해 노력했어. 하지만 그가 죽고 난 뒤 경제 위기까지 겪으면서 유고슬라비아 연방은 해체되기 시작했어. 1991년에 슬로베니아와 크로아티아가 독립을 선언했고, 곧이어 보스니아-헤르체고비나, 마케도니아도 독립했지. 2006년에는 몬테네그로가 세르비아로부터 독립했어.

으아, 드라큘라다.

시기쇼아라

사람들을 꼬챙이에 끼워 죽이는 등 굉장히 잔인한 방법으로 많은 사람들을 죽였다고 해. 이 블라드 체페슈 백작이 아일랜드 괴기 소설가인 브램 스토커에 의해 드라큘라로 탄생했지. 루마니아 시기쇼아라에는 블라드가 태어났다는 생가가 있고 브라쇼브에는 영화 '드라큘라'의 무대가 된 브란 성이 있어. 그 성은……

진   그만. 더 이상 들으면 잠을 못 잘 것 같아요.

고모 아니 내 말은 그 성은 무대만 되었지 블라드가 한 번도 머문 적이 없다고 말하려고 했어. 그럼 이건 어때? 체코에도 괴물에 대한 전설이 있어. 한 유대인이 진흙으로 인간의 모습을 만들고 여기에 생명을 불어 넣었대. 이 괴물이 바로 골렘인데, 인간과 비슷한 모습을 가진 로봇의 모델이 되었다고 해.

희원   드라큘라나 골렘을 만들어 낸 상상력이 참 대단한 것 같아.

우리들은 각자 상상 속으로 빠져들었어요. 나는 북해에서 롱십을 타고, 물이 따뜻하고 파도가 심하지 않아서 친절한 바다라고 부르는 흑해까지 여행하는 상상을 했어요.
우리의 상상이 끝날 무렵 고모는 직접 만든 불가리아 요구르트를 가져왔지요. 장미향이 약간 나면서 새콤달콤하니 맛있었어요. 우리나라 식탁에 김치가 있듯이 불가리아 식탁에는 늘 요구르트가 있대요. "불가리아에서는 yes를 표시할 때 고개를 가로저어야 하고 no는 고개를 끄덕여야 해. 전 세계에서 불가리아만이 가지고 있는 표현이야." 고모가 또 새로운 사실을 알려 줬어요. 불가리아를 여행할 때 꼭 기억해야겠어요.

동부 및 북유럽, 좀 더 들여다볼까?

그린란드

아이슬란드

로바니에미
핀란드 북부에 있는 산타클로스 마을이다. 크리스마스 시즌이면 전 세계 아이들이 보내는 우편물이 가득하다. 실제 순록 사육장이 있고 순록들이 선물을 싣고 다니기도 한다.

스웨덴, **핀란드**, **노르웨이**

알타 바위 그림
노르웨이 북극권에서 1973년에 발견된 선사 시대의 바위 그림이다. 기하학적인 모양과 동물 그림 약 3000개가 있다.

★ 스톡홀름

에스토니아, **라트비아**, **리투아니아**, **덴마크**

아우슈비츠
제2차 세계 대전 때 독일이 유대인을 학살하기 위해 폴란드에 만든 강제 수용소이다. 현재는 박물관과 전시관으로 쓰인다.

드로트닝홀름 궁전
1700년 스웨덴 왕실이 여름 별궁으로 지었다. 현재는 왕이 거주하는 왕궁이다. '북유럽의 베르사유'라고 불린다.

폴란드, **벨라루스**, **체코**, **우크라이나**

★ 프라하

프라하
중세 유럽의 모습을 잘 간직하고 있는 체코의 도시이다. 성경에 나오는 12사도 인형이 있는 천문 시계 등이 유명하다.

슬로바키아, **헝가리**, **몰도바**, **슬로베니아**, **크로아티아**, **루마니아**

▲ 시기쇼아라

두브로브니크
14~18세기 중세 항구 도시의 모습을 간직하고 있는 크로아티아의 도시로 '아드리아 해의 진주'로 불린다. 고풍스런 건축물들이 많다.

두브로브니크

보스니아-헤르체코비나, **세르비아**, **불가리아**, **몬테네그로**, **마케도니아**, **알바니아**

흑해

시기쇼아라
중세 요새 도시의 모습이 잘 보존된 루마니아의 도시이다. 드라큘라의 모델이 된 인물이 태어난 곳으로 유명하다. 매년 여름에는 중세 시대를 재현하는 축제가 열린다.

지도를 그리며 놀자!

- 130쪽 지도를 보고 동부 및 북유럽의 나라와 유명한 도시, 산맥, 강, 반도 등의 위치를 표시해 보세요.
- 동북부 유럽의 명소에 스티커를 붙여 보세요.
- 지도를 색칠하고 꾸며 완성해 주세요.
- 퀴즈도 풀어 보세요.

중세 유럽의 모습을 간직하고 있는 체코의 도시 이름을 써 보세요.

세계 지도 속 동부 및 북유럽의 위치를 확인하세요

퀴즈!

① '녹색 땅'이라는 뜻이지만 실제 얼음 땅이었던 곳은 어디일까요?

② 아일랜드의 한 괴기 소설가가 만들어 유명해진 인물은 누구일까요?

동부 및 북유럽

세계 지도를 그려 볼까? **137**

지중해의 하얀 올리브 꽃들 남부 유럽

남부 유럽은 지중해 주변에 있는 이베리아반도, 이탈리아반도, 발칸반도와 수많은 섬들로 구성되어 있어. 지중해는 육지 중간에 있는 바다라는 뜻으로, 유럽과 북아프리카, 서아시아에 둘러싸여 있고 지브롤터 해협이 있는 바다를 말해. 남부 유럽은 전체적으로 온화한 지중해성 기후가 나타나는데 이탈리아 북부는 대륙성 기후가 나타나기도 해. 에스파냐와 포르투갈은 15~16세기 끊임없는 탐험으로 아메리카와 아프리카를 발견하여 유럽인들이 새로운 세상에 눈을 뜨게 해 준 나라야. 그리스와 이탈리아는 일찍부터 문명이 발달해서 뛰어난 예술 작품과 건축물 등이 남아 있어. 많은 관광객들이 즐겨 찾는 곳이지.

남부 유럽의 나라들 중에는 경제 위기를 겪는 나라도 있다고 해. 하지만 유럽 연합이 힘을 합친다면 분명 어려움을 해결할 수 있을 거야. 눈부신 태양과 파란 바다, 올리브나무들을 볼 수 있는 남부 유럽에 대해 알아보자.

파스타, 피자, 아이스크림, 에스프레소, 포트와인과 하몽까지, 아침에 고모의 머리맡에서 발견한 쪽지에 적혀 있던 단어들이에요. 요즈음 점점 살이 불어난다며 다이어트를 시작한 고모는 어젯밤에 먹고 싶은 음식들을 종이에 적고 여러 번 한숨을 쉬더니 잠을 자더라고요. 그런데 고모, 하몽과 포트와인은 대체 뭐야? 고모가 알려 주기를, 하몽은 돼지 다리를 소금에 절여 건조해서 만든 에스파냐의 햄인데 쫄깃한 맛이 일품이래요. 포트와인은 포르투갈의 포르투 지역에서 재배되는 포도로 만든 유명한 와인이라고 하고요. 그러고 보니 종이에 쓰여 있는 음식들이 모두 유럽 지중해 주변에 있는 나라들의 것이에요. 이 지역에는 왜 이렇게 맛있는 음식이 많을까요?

지중해성 기후
지중해 지방에 나타나는 온대 기후의 일종이야. 여름은 아열대 고기압의 영향으로 덥고 비가 적고, 겨울은 편서풍과 온대 저기압의 영향으로 비교적 따뜻하고 비가 자주 내리지. 미국 캘리포니아주, 칠레 중부 등지에서도 나타나.

고모   그러게. 이 지역이 건조한 기후를 잘 견디는 오렌지, 레몬, 포도, 무화과, 올리브 등의 수목 농업과 밀, 보리 등의 곡물 농업이 발달했기 때문이 아닐까? 그러고 보니 모두 지중해성 기후에서 잘 자라는 작물이네.

진   고모, 이탈리아 피자를 먹어 본 적이 있는데 빵이 정말 얇더라고요.

고모   오호라, 진이도 먹어 보았구나. 밀가루 반죽을 둥글고 얇게 펴서 재료를 얹고 올리브기름을 바른 후 구워 낸 얇은 나폴리 피자가 진짜 이탈리아 피자라 할 수 있지. 빵이 두꺼운 미국식 피자와는 달라. 악! 피자가 마구 생각나 괴롭구나. 안 돼. 꾹 참고 공부해야지. 지중해 주변의 남부 유럽은 오랜 옛날부터 다른 유럽 지역들과 언어나 종교는 물론 생활 양식이 달랐어. 역사적으로 그리스·로마 문화의 영향을 받았기 때문이지.

그리스 신화
고대 그리스 민족이 만들어 낸 신들의 이야기로 그리스 문화의 뼈대를 이루었지. 최고 신 제우스, 헤라, 아프로디테 등 열두 신이 등장해. 호메로스 등에 의하여 정리되고 로마 시대에 체계화되어 유럽 여러 나라의 미술과 문예의 원천이 되었어.

윤재   그리스·로마 신화를 말하는 거야? 내가 제일 좋아하는 삼지창을 든 포세이돈 아저씨가 나오는 그 신화?

고모   맞아. 그리스·로마 문화와 크리스트교는 서양 문화의 뿌리라고 할 수 있어. 너희들

남부 유럽

남부 유럽을 들여다보자

남부 유럽 북쪽으로는 알프스산맥과 피레네산맥이 있다.
남쪽에는 지중해가 흐르고, 동쪽으로 수많은 섬들이 있다.

유럽의 작은 나라들
- 바티칸 시국: 세계에서 가장 작은 나라. 로마의 티베레강 근처에 위치.(44㎢)
- 리히텐슈타인 공국: 스위스와 오스트리아 사이에 위치.(160㎢)
- 모나코 공국: 유럽의 남쪽, 지중해 연안에 위치.(195㎢)
- 몰타 공화국: 북아프리카 연안에 위치한 지중해의 섬나라.(316㎢)
- 안도라 공국: 유럽의 남서부에 위치.(468㎢)
- 산마리노 공화국: 유럽에서 가장 오래된 공화국. 이탈리아 북동쪽에 위치.(612㎢)

이탈리아는 지중해로 삐죽 나온 장화처럼 생겼다. 북쪽에는 알프스산맥이 있고, 남북으로는 아펜니노산맥이 뻗어 있다. 나폴리 부근에는 폼페이 유적을 만든 활화산, 베수비오산이 있다.

이탈리아반도와 발칸반도 사이의 아드리아 해안은 풍광이 아름답고 따뜻해서 관광지로 인기가 많다.

그리스는 오랫동안 동서양의 문화를 잇는 다리 역할을 해 왔다. 내륙은 대부분 산악 지대이고, 바다에는 450여 개의 섬들이 있다.

이베리아반도에는 에스파냐와 포르투갈이 있다. 에스파냐는 지브롤터 해협을 사이에 두고 모로코와 마주 보고 있으며 국토의 대부분이 메세타고원으로 이루어져 있다. 포르투갈은 남서쪽이 대서양에 접해 있다.

에스파냐 남동쪽 해안선에 돌출된 반도로 영국 땅이다.

화산 폭발로 생긴 산토리니섬은 지금도 화산 활동이 진행 중이다. 절벽 위에 석회를 바른 하얀 집들을 볼 수 있다.

키프로스섬은 일 년 내내 따뜻한 바다와 아름다운 경관으로 유명하다.

스파르타와 아테네라고 들어 봤지?

희원   응. 그리스에서 처음 생겨난 고대 국가라고 배웠어.

고모   정확히 말하자면 그리스 문화의 시작은 그리스 남쪽에 있는 크레타섬에서 발생한 미노아 문명이야. 영국의 고고학자 아서 에번스라는 학자가 크레타섬에 있는 크노소스 궁전을 발굴하면서 미노아 문명이 세상에 알려졌지. 미노아 문명은 펠로폰네소스반도에 있던 미케네 군대에게 멸망하면서 미케네 문명으로 이어졌어. 미케네 문명이 오랜 기간의 정복 전쟁과 자연재해 때문에 멸망하고 나서 그리스에 생긴 도시 국가가 아테네와 스파르타야.

윤재   스파르타? 스파게티와 이름이 비슷하네.

고모   그만. 먹는 거 말하면 괴로워. 그 뒤 이 지역에서는 아테네와 스파르타를 비롯한 그리스 도시 국가들의 싸움이 치열했어. 그러다가 기원전 4세기 무렵 그리스 북쪽에 있던 마케도니아 왕국이 쳐들어와서 도시 국가들을 정복했지. 기원전 336년부터 약 13년 동안 마케도니아를 다스린 알렉산드로스 대왕은 이집트에서부터 인도 서북부까지 거대한 영토를 정복하여 그리스 문화와 동양 문화를 융합시키는 데에 일조했던 인물이야. 그러나 마케도니아는 알렉산드로스 대왕 이후 힘이 약해져서 오래 지속되지 못했고, 이탈리아반도에 라틴족이 세운 로마 제국이 점차 세력을 넓혀 갔어. 로마 제국은 그리스 문화를 바탕으로 자신들만의 문화를 이루었지. 로마의 건축과 법률 등 뛰어난 문화는 점차 다른 유럽 지역으로 전파되어 서양 문화 전반에 걸쳐 영향을 주었어.

진   아, 그 유명한 로마!

희원   고모, '모든 길은 로마로 통한다'라고 들어 본 것 같은데 이게 무슨 뜻이야?

고모   실제로 로마는 지금의 그리스와 이집트, 아프리카 북부, 에스파냐, 프랑스, 독일,

미노아(크레타) 문명과 미케네 문명
미노아 문명은 크노소스를 다스렸던 미노아 왕의 이름을 붙인 거야. 1200개의 방이 있는 크노소스 궁전은 미로로 유명해. 미케네 문명은 1876년에 하인리히 슐리만이라는 독일의 고고학자에 의해 발굴되었어. 황금 가면과 황금 잔, 황금 검 등이 나왔어.

그리스의 도시 국가(폴리스)
기원전 800년 무렵 그리스 사람들은 외적으로부터 생명과 재산을 보호하기 위해 높은 언덕 위에 성과 요새와 신전을 만들었어. 이것은 작은 마을로 발전했고 점점 커져 도시 국가가 되었지.

아테네와 스파르타
아테네는 철학, 역사, 연극 등 예술과 학문이 발달한 도시 국가였어. 아테네 시민이 참여한 직접 정치는 민주 정치의 뿌리가 되었지. 펠로폰네소스 남쪽에 있던 스파르타는 강한 정신력과 육체적 단련을 통해 당시 그리스 도시 국가들 중 최고로 강한 군사를 보유했어.

남부 유럽

루마니아, 팔레스타인 등으로 세력을 넓히면서 10만 킬로미터에 달하는 길을 만들었어. 그래서 그 말은 로마를 중심으로 서로 다른 문화와 다양한 물건들이 오고 갔다는 뜻이기도 해.

윤재 고모가 서양 세계에 영향을 준 두 가지 중 하나가 크리스트교라고 했잖아. 크리스트교도 로마가 만든 길을 타고 전파되었을 것 같아. 맞지?

고모 제법인걸. 그래 맞아. 지금의 이스라엘, 팔레스타인, 요르단의 일부인 유대 지방에서 발생한 크리스트교는 예수의 제자인 바울과 베드로에 의해 로마에서도 전파되기 시작했어. 하지만 병역과 황제 숭배를 거부해서 로마 황제들의 박해를 심하게 받았어. 또 로마에서는 이미 여러 신을 믿고 있던 터라 유일신을 믿는 크리스트교가 자리 잡기 어려운 상황이었지. 그래서 주로 가난하고 신분이 낮은 사람들을 대상으로 전도 활동을 펼치며 천천히 세력을 확장해 나갔어.

진 그럼 크리스트교는 언제부터 인정받게 되었나요?

고모 크리스트교는 비밀 지하 묘지였던 카타콤을 근거지로 로마 제국의 탄압을 피해 유지되다가 하느님의 계시로 전쟁에서 승리했다고 믿은 콘스탄티누스 황제에 의해 312년에 정식으로 인정받았지. 392년에는 테오도시우스 황제가 국교로 삼으면서 유럽의 대표 종교로 뿌리 내리게 되었어.

희원 그런데 고모, 잘나가던 로마는 왜 멸망한 거야?

고모 로마는 엄청나게 많은 땅을 지배하고 있었기 때문에 모든 지역을 잘 다스릴 수 없었어. 빈부의 차이도 너무 심해져 여러 곳에서 반란이 일어났지. 로마가 멸망한 결정적인 이유는 훈족, 서고트족, 게르만족 등이 로마를 침략했기 때문이야. 결국 476년에 서로마 제국이 먼저 몰락하고 말았어.

카타콤

서로마와 동로마

번영했던 로마 제국은 3세기 이후 쇠락해 갔어. 디오클레티아누스 황제 때는 제국을 잘 다스리기 위해 로마를 서쪽(서로마)과 동쪽(동로마)으로 나누었지. 그 뒤 콘스탄티누스 황제는 아예 수도를 동쪽인 콘스탄티노플로 옮겼어. 콘스탄티노플의 원래 이름이 비잔티움이었기 때문에 동로마를 비잔틴 제국이라고도 불러.

윤재   서로마라니, 동로마도 있었어?

고모   응. 로마는 서로마, 동로마로 나뉘었는데, 동로마 제국을 비잔틴 제국이라고도 해. 비잔틴 사람들은 자신들이 사는 곳을 새로운 로마라고 생각하며 고대 그리스 문화와 크리스트교 문화를 결합한 비잔틴 문화를 발달시키며 그 뒤로도 천 년을 이어 갔지.

진   로마는 정말 대단했구나!

고모   로마의 유적들 중 로마 제국의 위용을 가장 잘 보여 주는 건축물은 콜로세움이야. 콜로세움은 검투사들의 시합이 벌어지는 거대한 원형 경기장인데, 5만 5천 명의 사람들을 수용할 수 있었다고 해. 이 사진은 고모가 콜로세움 앞에서 찍은 거야. 어때, 웅장하지? 옛 로마 제국이 있었던 이탈리아는 콜로세움 같은 유적지뿐 아니라 아름다운 관광지가 많기로 유명한 나라야. 이탈리아에는 수도인 로마 말고도 볼 만한 도시가

콜로세움

많은데, 나폴리는 오스트레일리아의 시드니, 브라질의 리우데자네이루와 함께 세계 3대 아름다운 항구 도시 중 하나이고, 밀라노는 레오나르도 다빈치와 관련된 명소들과 함께 세계 패션의 중심지로도 유명하지.

윤재   오, 레오나르도! 앞으로 내 이름을 레오나르도 윤재라고 불러 줘. 자주 들으면 나도 천재가 될 수 있을지 모르니까.

고모   레오나르도 윤재 씨, 이탈리아에는 물 위에 떠 있는 섬들을 400개 정도의 다리로 연결해서 만든 도시가 있어. 어느 도시일까?

진   고모, 저 알아요! 베네치아예요. 엄마 아빠가 신혼 여행지로 다녀온 곳이랬어요. 화려한

> **레오나르도 다빈치**
> 1452년 이탈리아 밀라노에서 태어난 레오나르도 다빈치는 학문과 예술을 중요하게 여겼던 르네상스 시대의 대표자라고 할 수 있어. 그는 수학, 과학, 미술, 해부학 등 다방면에서 천재성을 발휘했지. '최후의 만찬', '모나리자' 등의 미술 작품이 널리 알려져 있어.

베네치아 가면을 쓰고 찍은 엄마 아빠 사진이 지금도 거실에 걸려 있어요.

고모 그래. 베네치아는 아주 낭만적인 곳이야. 한쪽 끝에서 노를 젓는 곤돌라를 타면 바람이 아주 시원하지. 베네치아에서 가장 큰 산마르코 광장은 비둘기들의 천국이라 할 만해. 비둘기와 관광객들로 발 디딜 틈이 없을 정도야. 화려한 베네치아 가면을 자랑하는 축제도 열려. 중세 시대 서민들이 귀족 흉내를 내면서 그들에 대한 불만을 해소하던 일이 오락거리로 자리 잡은 거야. 매년 1월 말에서 2월 초에 열리는 베네치아 카니발 기간에는 가면을 쓰고 화려한 의상을 입은 사람들이 거리에 가득 차. 이 고모는 작년 축제 때 한복과 하회탈로 치장하고 "I'm from Korea(나는 한국에서 왔어요)."라고 외치고 다녔지.

희원 아휴, 고모의 엉뚱한 모습이 상상되고도 남아.

고모 왜, 나 외국인들에게 진짜 인기 좋았어. 베네치아는 6세기 기마 민족이었던 훈족이 남러시아를 지나 유럽의 남쪽으로 들어오자 이탈리아 본토에 살던 사람들이 적을 피해 개펄에 건설한 도시야. 모래나 진흙 바닥에 8미터 정도 깊이로 나무 기둥을 박아 기반을 다져 건물을 지었대. 수상 도시라서 자동차, 기차는 다닐 수 없고, 바포레토라고 불리는 수상 버스와 나룻배인 곤돌라를 탈 수 있지.

윤재 고모, 난 에스파냐도 가고 싶어.

고모 에스파냐도 유럽에서 관광지로 프랑스와 1, 2위를 다투는 나라야. 에스파냐는 플라멩코와 투우가 유명해. 플라멩코는 정해진 악보 없이 즉흥적으로 연주하며 정열적으로 추는 춤인데 그 어원이 불꽃을 뜻하는 '플라마'에서 비롯되었다고 해. 투우는 투우사가 소를 상대로 벌이는 싸움인데 지나친 동물 학대라는 이유로 이를 금지하는 도시도 있지. 바로셀로나에는 곡선형의 건물과 나선형의 계단 등 아름답고 실험적인 건축물로 유명한 구엘 공원과, 천재 화가 피카소의 어린 시절 습작품을 볼 수 있는

구엘 공원

안토니오 가우디
구엘 공원, 카사 밀라 등을 건축한 가우디는 에스파냐가 자랑하는 천재적인 건축가이자 예술가야. 가우디의 건물이 많은 바르셀로나를 '가우디의 도시'라고도 불러. 그가 설계한 사그라다 파밀리아(성가족 교회)는 1891년부터 지금까지 계속 공사를 하고 있어.

미술관이 있어.

희원   고모, 포르투갈은 어떤 나라야?

고모   지금은 포르투갈이 다른 유럽 국가들에 비해 여러 모로 뒤처져 있지만 15세기에는 항해 왕자라고 불렀던 엔리케 왕자의 주도로 대서양을 넘어 세계로 진출했던 해양 왕국이었어. 에스파냐 사람들이 정열적이라면 포르투갈 사람들은 따뜻한 감성을 지녔어. 그들의 민요인 파두는 바다로 나간 남편과 아들들을 그리워하며 부른 노래로 매우 감성적이고 애절해.

윤재   파두? 나도 한번 불러 볼까? 뉴욕으로 출장 간 아빠를 위한 애절한 노래!

고모   윤재야, 제발 참아 줘. 대신 고모가 에스파냐에서 배운 플라멩코를 조금 있다가 보여 줄게. 너희들, 토마토 축제라고 들어 봤어? 에스파냐는 축제가 다양해서 아마 일 년 내내 축제가 있는 나라라고 해도 틀린 말이 아닐 거야. 그중 발렌시아 지방의 토마토 축제는

1944년 시의회 의원들에게 토마토를 던지며 항의하던 일이 계기가 되어 생겼는데, 이 축제에 참가하려는 관광객들로 여름이면 도시가 꽉 찬대. 매년 8월 마지막 수요일에 마을 대광장에서 토마토 전투가 시작되어서 광장 중앙의 기둥에 달아 놓은 햄을 누군가 가지면 끝이 나지.

진 윤재   좋아. 우리도 해 보자.

둘은 토마토 대신 책상에 있던 팝콘을 던지기 시작했어요. 너희들 내 방에서 뭐하는 거야? 엄마가 보면 어떻게 하려고 그래? 옆에서 고모는 플라멩코를 추고 있어요 오늘 다들 왜 이러는 거야? 아, 내 방은 어쩌라고.

나는 고모가 남부 유럽을 왜 지중해의 꽃들이라고 했는지 알 것 같아요. 일찍부터 발달한 문명과 제국이 남긴 화려한 유적들을 볼 수 있고, 지중해의 파란 바다와 눈부신 햇살이 가득한 아름다운 자연이 있기 때문일 거예요. 고모는 남부 유럽의 거리 곳곳에서 무성한 올리브나무들을 쉽게 볼 수 있다면서 4, 5월이면 하얀 꽃이 마치 팝콘처럼 피어난다고 했어요. 아마 올리브 꽃은 우리나라 봄에 여기저기 피는 벚꽃이나 목련처럼 정말 예쁠 거예요. 언젠가 그곳에 가서 하얀 꽃비를 맞아 보고 싶어요.

남부 유럽

남부 유럽, 좀 더 들여다볼까?

포르투
포르투갈의 발상지이며 상공업의 중심지이다. 문화 유적이 많고 포트와인의 생산지로 유명하다.

알타미라 동굴 벽화
1868년 에스파냐 북부 산촌 마을에서 발견된 구석기 시대 벽화이다. 들소, 말 등 동물들이 매우 섬세하고 생동감 있게 표현되어 있다.

피사의 사탑
이탈리아 피사에 있는 원통형 건물이다. 지반이 약해 기울어졌지만 약 800년 동안 쓰러지지 않고 있다. 천문학자였던 갈릴레이가 낙하 실험을 했던 곳으로도 유명하다.

바티칸 시국
이탈리아 로마에 있는 세계에서 가장 작은 나라이다. 전 세계 가톨릭교의 중심지이며 교황이 살고 있다. 성 베드로 대성당과 바티칸 궁전, 바티칸 박물관 등이 있다.

알람브라 궁전
이슬람 최고의 아름다움을 볼 수 있는 건축물로 에스파냐 그라나다에 있다. 화려한 문양의 천장, 세련된 조각 등이 빛과 어우러져 환상적인 분위기를 연출한다.

카사 밀라
에스파냐 바로셀로나에 있는 공동 주택으로, 1910년에 건축가 가우디가 지은 것이다. 현대 건축의 출발로 여긴다.

폼페이 유적
이탈리아 남부 도시였던 폼페이는 서기 79년 베수비오 화산이 폭발하면서 화산재로 뒤덮이고 말았다. 이곳의 유적은 당시 고대 로마인들의 일상생활을 생생하게 보여 준다.

아크로폴리스
그리스 아테네 시에 있는 언덕이다. '폴리스'는 도시 국가를 의미한다. 파르테논 신전 등 그리스 신화와 관련된 유적지들이 많다.

지명: 포르투, 포르투갈, 에스파냐, 안도라, 바르셀로나, 그라나다, 리히텐슈타인, 이탈리아, 모나코, 산마리노, 로마, 바티칸, 폼페이, 몰타, 그리스, 아테네, 키프로스

지도를 그리며 놀자!

- 140쪽 지도를 보고 남부 유럽의 나라와 유명한 도시, 산맥 등의 위치를 표시해 보세요.
- 남부 유럽의 명소에 스티커를 붙여 보세요.
- 지도를 색칠하고 꾸며 완성해 주세요.
- 퀴즈도 풀어 보세요.

퀴즈!

① 오렌지, 레몬, 포도, 올리브 등이 잘 자라는 기후는?
② 곤돌라가 다니는 이탈리아의 수상 도시는 어디일까요?

① 지중해성 기후 ② 베네치아

에스파냐와 포르투갈이 있는 반도의 이름을 써 보세요.

세계 지도 속 남부 유럽의 위치를 확인하세요

남부 유럽

세계 지도를 그려 볼까?

희망과 자유가 꽃 피다 북아메리카

북아메리카는 캐나다부터 미국, 멕시코, 서인도 제도까지의 지역을 말해. 역삼각형 모양의 땅이라 북쪽은 넓고 남쪽으로 갈수록 좁아지지. 파나마 운하를 기준으로 남아메리카와 구별돼.
애팔래치아산맥 서쪽 세인트로렌스강 주변은 캐나다의 대표적인 낙농과 공업 지대야. 다양한 민족이 이주해서 만들어진 나라 미국은 두 번의 세계 대전을 거치면서 세계 최대 강대국으로 부상했지. 미국과 맞닿아 있는 멕시코는 남한의 20배가 넘는 넓은 크기에 지하자원도 풍부한 나라야. 멕시코와 중앙아메리카에서는 마야 문명, 아즈텍 문명 등 고대 문명이 발달했어. 북아메리카를 발견한 후 이주해 온 사람들에 의해 원주민 문화가 많이 파괴되었지만, 오늘날 북아메리카 문화에는 여전히 이주민과 원주민 문화가 고루 섞여 있어. 미국과 캐나다를 중심으로 전 세계에 점점 더 큰 영향력을 미치고 있는 북아메리카에 대해 알아보자.

작년에 캐나다로 이민을 간 친구 우정이가 유튜브를 시작했다며 연락을 해 왔어요.
우정이는 초등학교 1학년, 3학년 두 번이나 같은 반이기도 했고 집도 바로 우리 옆 동이라
이웃사촌처럼 친하게 지내던 친구예요. 학급 임원도 같이해서 남자아이지만 웬만한 여자
친구보다 더 친했어요. 그런 우정이네가 캐나다로 간다고 했을 때 정말 서운했어요. 엄마가
이제 캐나다에도 친구 집이 있다고 생각하면 덜 섭섭할 거라고 해서 그렇게 생각하기로
했지요. 우정이가 그러는데 캐나다에서는 영하 20도는 아무것도 아니래요. 그렇게 추워서
어떻게 살죠? 우정아, 춥지 않니?

윤재   지난번에 우정이 형이랑 영상 통화해서 형네 집 봤어. 3층집인데 엄청 크고 정말 좋아.
그런데 주변에 다른 집들이 별로 없더라.

희원   고모, 캐나다는 꽤 넓지 않아? 그런데 인구는 많지 않은가 봐.

고모   캐나다는 러시아 다음으로 세계에서 두 번째로 큰 나라야. 동쪽에서 서쪽까지 길이가
7600킬로미터나 되고 동쪽과 서쪽의 시간 차이도 네 시간 반이나 나지. 하지만 우리나라
전체 인구가 5천만 명인데 캐나다 인구는 3천 4백만 명 정도니 큰 땅에 비해 인구는
굉장히 적은 편이야. 앞에서 미국은 얘기했으니까 오늘은 캐나다, 멕시코, 서인도 제도를
중심으로 북아메리카에 대해 얘기해 볼까? 아, 그 전에 너희들 앵글로아메리카라고
들어 봤니? 북아메리카를 앵글로아메리카라고 부르는데 왜일까? 그건 앵글로색슨족을
중심으로 하는 북서유럽계 민족이 중심을 이루는 지역이기 때문이야. 앵글로아메리카는
주로 미국과 캐나다를 중심으로 영어를 사용하는 곳을 말해. 하지만 우리는 이런
문화적인 측면이 아니라 지리적 측면에서의 북아메리카라고 불리는 지역을 살펴볼 거야.
캐나다는 미국과 북위 49°를 기준으로 국경선이 일직선으로 맞닿아 있는 사이좋은

> **캐나다 이름의 기원**
> '캐나다'라는 나라 이름은 원주민 휴런 이로
> 쿼이족의 언어로 마을, 정착지를 뜻하는 '카
> 나타'에서 유래했어. 캐나다는 1497년 이탈
> 리아인 존 캐벗의 탐험을 계기로 유럽인 에
> 게 알려졌어.

> **앵글로아메리카와 라틴 아메리카**
> 앵글로아메리카는 영국인을 중심으로 하는
> 앵글로색슨족이 개척한 곳이고, 라틴 아메
> 리카는 15~16세기 신항로 개척기에 에스파
> 냐, 포르투갈 등에서 온 라틴족이 개척한
> 곳이야.

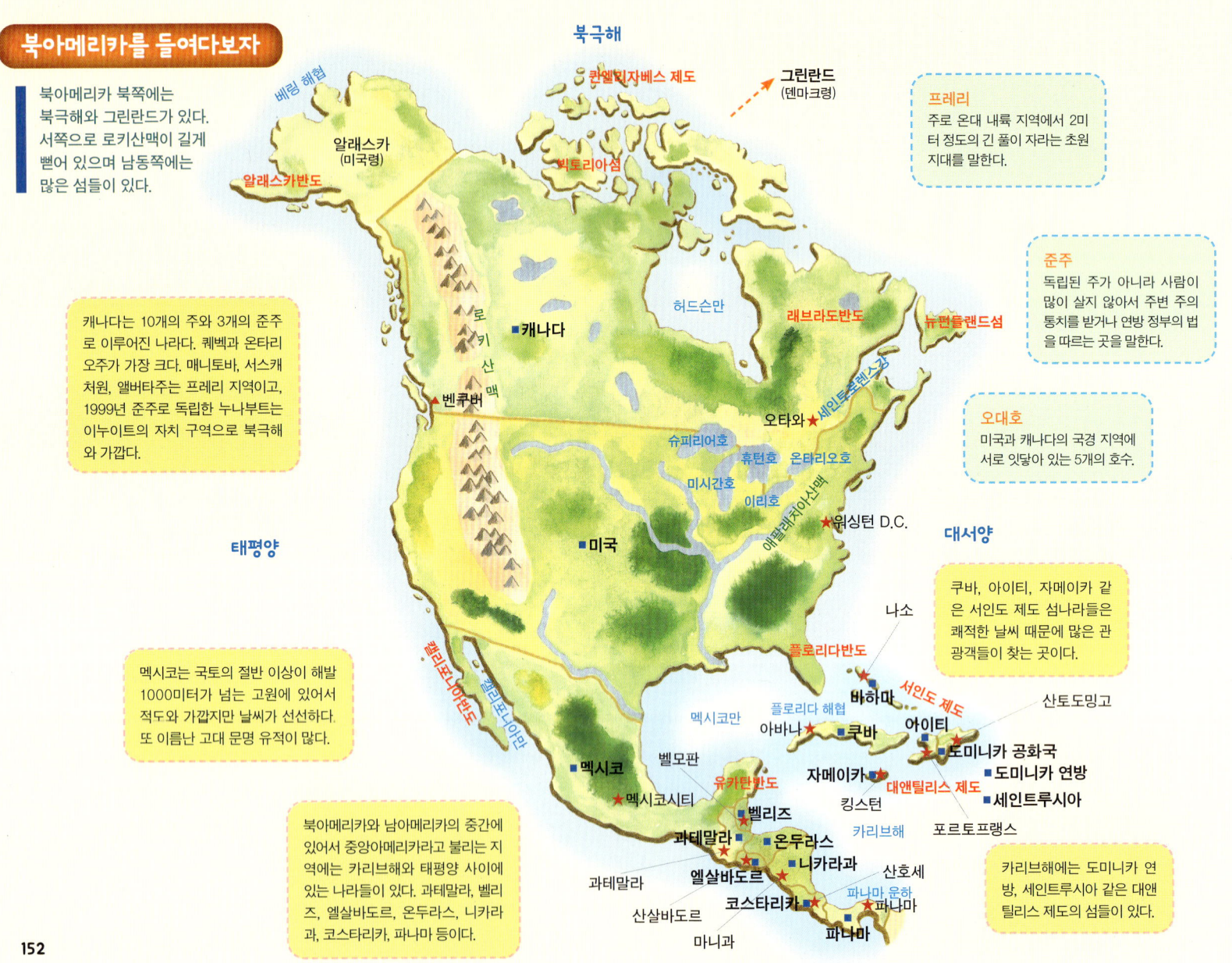

> **메이플 시럽**
> 캐나다 하면 떠오르는 메이플 시럽은 단풍나무에서 나오는 수액을 졸여서 만든 시럽이야. 달콤하면서도 캐러멜 향이 나서 팬케이크 등에 곁들여 먹으면 맛있어.

아랫집 윗집이야. 다만 밴쿠버 섬은 북위 49° 아래에 위치하지만 1846년 미국과 영국의 합의를 거쳐 현재 캐나다 땅으로 되어 있어. 우리나라에서 미국이나 캐나다를 가려면 날짜 변경선을 지나야 해. 얘들아, 날짜 변경선을 기준으로 동쪽으로 가면 하루를 빼라고 했던 거 기억나니?

희원 응. 우리나라를 기준으로 미국이나 캐나다 날짜를 계산할 때는 하루를 빼야 하지? 그래서 우리나라가 성탄절이면?

윤재 캐나다나 미국은 성탄절 이브다! 이거지.

고모 그래, 잘 기억하고 있네. 캐나다는 야생 동물의 천국이라 불릴 정도로 다양한 야생 동물이 있는데, 그중 비버는 캐나다를 상징하는 동물이야. 털이 매끈하고 물이 잘 스며들지 않아서 유럽 귀족들은 비버의 털로 만든 모자와 코트를 아주 좋아했대. 그래서 영국은 아예 회사를 차리고 모피 무역을 했어. 거의 백 년 동안 비버를 잡았기 때문에 그 수가 많이 줄어서 지금은 보호 동물이야. 비버 때문에 유럽인들이 찾아온 이후로 원주민의 삶도 많이 바뀌었지. 현재 약 백만 명 정도의 원주민이 캐나다에 살고 있어.

진 멕시코도 북아메리카라고 했죠? 뉴스에서 보면 불법으로 미국 국경을 넘는 멕시코 사람들 얘기가 나오던데 왜 그런 거예요?

고모 멕시코 입장에서는 좀 억울한 상황이기도 해. 지금 미국 남부의 텍사스와 뉴멕시코, 애리조나, 캘리포니아, 네바다, 유타, 콜로라도주는 원래 멕시코 땅이었거든. 그곳에 살던 미국 사람들 때문에 미국과 멕시코가 벌인 전쟁에서 멕시코가 지는 바람에 미국에 빼앗겼어. 그건 그렇고, 너희들 캘리포니아만과 캘리포니아반도가 어디에 있는지 아니? 맞히면 고모가 떡볶이 쏠게.

윤재 아~ 떡볶이가 눈앞에 아른거리네. 캘리포니아에 있으니까 그런 이름이 붙은 게 아닐까?

비버

요기에 갓다 대 봐.

고모 땡! 틀렸어. 캘리포니아만과 캘리포니아반도는 모두 멕시코에 있어. 하나 더 알려 줄게. 왼손 엄지와 검지를 구부려 봐. 알파벳 G처럼 만들어서 멕시코 지도 위에 대면 엄지는 유카탄반도가 되고 검지는 미국의 플로리다, 가운데 공간은 멕시코만이 돼.

진 오호라. 이렇게 하니까 위치가 아주 쉽게 이해돼요.

고모 여기 멕시코와 유카탄반도는 마야 문명의 중심지였어. 마야 문명은 뛰어난 건축술뿐 아니라 천체와 수학에 있어서도 무척이나 앞선 문명이었지. 0이라는 개념을 숫자에 처음 도입한 것도 마야인이었어. 당시 마야인이 계산한 지구의 공전 주기는 현대 과학이 밝혀 낸 주기에서 약 18초 정도밖에 차이가 나지 않는대.

진 와우! 굉장한데요.

고모 마야인은 밀림에 도시를 세우고 도시 국가 형태로 살았는데 신을 위한 피라미드를 많이 세웠어.

희원 멕시코에도 피라미드가 있었다고?

고모 피라미드 하면 이집트만 떠올리는데 사실 피라미드가 가장 많은 곳은 멕시코야. 430여 개나 되거든. 멕시코시티에서 약 50킬로미터 떨어진 테오티우아칸이라는 도시 유적에 가면 멕시코 피라미드를 볼 수 있어. 마야 문명의 뒤를 잇는 아즈텍 문명 유적지인 테오티우아칸은 원래 잘 짜인 계획 도시였어. 도시 전체를 관통하는 '죽은 자의 길'이 있고 좌우로 건물과 사원, 주택 등이 건설됐지. 산 사람을 신에게 제물로 바쳤던 '달의 피라미드'도 있어.

진 으악, 산 사람을 제물로 바쳐요?

고모 좀 끔찍하지만, 고대 마야와 아즈텍 국가에서는 인간의 심장을 신에게 바쳤어.

희원 세계 축제를 소개하는 책에서 보았는데, 멕시코에는 '죽은 자의 날' 축제가 있대.

죽은 자의 날 축제

고모 죽은 자의 날 축제는 매년 11월 1일과 2일에 열리는데 멕시코에서는 이때 모든 죽은 자의 영혼이 땅으로 내려온다고 믿지. 그래서 살아 있는 사람들은 음식이나 꽃으로 죽은 자를 환영하고 해골 분장을 한 사람들은 설탕으로 만든 해골을 먹고 기도하고 춤을 춘대. 죽음을 축제로 받아들일 수 있다니 꼭 한번 참석해 보고 싶어.

윤재 나는 멕시코 하면 큰 모자를 쓰고 노래하는 마리아치와 선인장만 떠올렸는데 다른 흥미로운 것들이 많네.

고모 미국 플로리다에서 멀지 않은 곳에 있는 나라인 쿠바도 아주 독특한 곳이야. 쿠바는 왼쪽이 입이고 오른쪽이 몸통과 지느러미인 긴 물고기처럼 생겼어. 일 년 내내 따뜻한 열대 낙원으로 커피, 담배, 사탕수수가 유명해.

희원 신문에서 쿠바와 미국이 사이가 좋지 않다는 기사를 본 적이 있어.

고모 맞아. 1961년에 국교를 단절하고 2014년에 다시 수교를 정상화했으니 53년 동안이나

> 멕시코에도 피라미드가 있어.

북아메리카

> **쿠바의 시가**
> 아메리카 대륙에 도착한 콜럼버스는 원주민들이 횃불처럼 불타는 막대기를 입에 넣고 좋아하는 것을 보고 이것을 유럽으로 가져갔지. 이게 바로 시가야. 원주민이 '씨가렌'이라고 부르던 것에서 유래했어. 쿠바는 기후와 토양이 담배 재배에 최적이라 쿠바산 시가는 세계 최고로 인정받고 있어.

좋지 않은 관계였지. 긴 시간 동안 사건도 많았지만 이제는 옛 건축물과 오래된 자동차가 달리는 아바나에 미국인들이 관광을 가고 있어.

윤재 고모, 쿠바는 야구도 유명해. 세계 야구 대회에서 우승도 여러 번 했어.

고모 그것도 맞아. 한편으로 쿠바는 세계적인 의료 선진국이기도 해. 의료 서비스가 좋아서 유럽이나 미국 환자들도 쿠바에 와서 치료를 받아. 자국민은 병원 진료가 전부 무료인데 심지어 암 치료와 심장 이식까지도 무료로 받지. 그래서 라틴 아메리카 나라들 중에서 평균 수명이 가장 길고 유아 사망률도 미국보다 낮아.

희원 고모, 체 게바라가 누구야? 이름을 많이 들어 봤는데 쿠바 사람이지?

고모 체 게바라는 쿠바의 전설적인 혁명가로 쿠바에서 혁명이 성공한 뒤에는 핵심 지도층이 되기도 했어. 하지만 원래는 아르헨티나 사람이지. 쿠바 옆에 있는 나라, 아이티 이야기도 해 줄게. 몇 년 전 지진으로 큰 피해를 본 곳이지.

윤재 우리도 성금 냈잖아. 누나.

고모 아마 그랬을 거야. 그때 지진으로 대통령 궁까지 파괴됐었어. 원래도 가난 때문에 진흙 쿠키를 구워서 먹을 정도인데 상황이 더 어려워졌지.

진 이럴 때 쓰는 말이 설상가상이죠.

고모 오, 진이가 좀 아는데. 아이티가 위치한 카리브해 주변은 해적의 출몰이 잦았던 지역이야. 땅 사이에 있는 바다여서 좁고 섬도 많아 해적들이 숨어 있기 좋았거든. 또 예전에 신대륙에서 얻은 진귀한 것을 유럽으로 옮기는 통로이기도 해서 해적들이 근처에 숨어 있다가 나가는 배를 습격하곤 했지.

윤재 흥미로운 곳이 또 있어. 바로 버뮤다 삼각지.

고모 모든 미스터리 사전에서 빠지지 않고 나오는 바로 그곳! 대개 플로리다 해협, 버뮤다,

> **진흙 쿠키**
> 진흙에 소금과 약간의 버터를 섞어 햇볕에 말려 만드는 과자야. 세계 최빈국 아이티에서 가난한 사람들이 배고픔을 달래기 위해 먹는다고 해.

푸에르토리코를 잇는 지대를 버뮤다 삼각지라고 부르는데, 이곳을 지나던 비행기와 배가 사라지는 사건이 자주 일어났어. 잔해가 발견되지 않은 경우가 많아서 더 미스터리해졌지. 이를 설명하는 여러 가설이 있는데 일시적인 지구 자기장의 변화, 메탄가스 분출, 외계인의 장난, 심지어 사차원의 세계로 통하는 문이 있다고도 했지. 하지만 미국 연안 경비대가 조사한 바로는 대부분의 사고가 그냥 우연이라고 결론이 났어.

진 북아메리카엔 이런 저런 재미있는 일들이 많네요. 늘 사차원 같은 얘기만 하는 윤재 옆에 있어서 그런지 버뮤다 삼각지 얘기도 친근하게 느껴져요.

윤재 뭐야, 내가 왜 사차원이야. 그러지 말고 우리 말 나온 김에 3D 영화나 보러 가자. 영화 표랑, 팝콘이랑 음료수도 사 주기. 우리 예쁜 고모 부탁해요.

윤재가 졸랐지만 고모는 돈이 없다면서 영화 대신 팬케이크를 구워서 메이플 시럽을 듬뿍 발라 줬어요. 북아메리카는 콜럼버스가 발견하고 유럽 사람들은 '신대륙'이라고 불렀지만 이미 오래 전부터 수많은 원주민의 터전이었던 곳이에요. 아메리카라는 이름은 지도 제작자 아메리고 베스푸치의 이름에서 왔대요. 서인도 제도라고 이름 붙여진 섬들도 사실 인도와는 뚝 떨어진 곳이에요. 이미 우리에게 익숙해진 이름이지만 그 속에 담긴 이야기와 의미를 곱씹어 봐야겠어요. 방학이 끝나면 친구들에게 '걸어 다니는 지리 박사'로 불러 달라고 해야겠어요. 그러면 진짜 지리 박사가 되지 않을까요?

북아메리카, 좀 더 들여다볼까?

우드버펄로 국립 공원
캐나다에서 가장 큰 국립 공원이자 북아메리카에서 야생 들소가 가장 많이 서식하는 곳이다.

허드슨만
캐나다 북동부에 있는 거대한 만으로, 이곳에 처음으로 왔던 탐험가의 이름을 붙였다. 5월에도 얼음이 덮여 있다.

캘거리 스템피드 축제
매년 7월 캐나다 캘거리에서 로데오 경기를 내용으로 열리는 축제다.

퀘벡
캐나다 안의 작은 프랑스라고 불리는 주다. 주민의 상당수가 프랑스계이며 영어와 함께 프랑어를 공용어로 사용하고 있다.

관타나모 미군 기지
쿠바 동남부 해안에 있는 미국의 해군 기지다.

경계
앵글로아메리카와 라틴 아메리카의 경계는 리오그란데강이고, 북아메리카와 남아메리카의 경계는 파마나 운하다.

지도를 그리며 놀자!

- 152쪽 지도를 보고 북아메리카의 나라와 유명한 도시, 반도, 만 등의 위치를 표시해 보세요.
- 북아메리카의 명소에 스티커를 붙여 보세요.
- 지도를 색칠하고 꾸며 완성해 주세요.
- 퀴즈도 풀어 보세요.

세계 지도 속 북아메리카의 위치를 확인하세요

쿠바, 아이티, 자메이카 등의 섬나라가 있는 제도의 이름을 써 보세요.

퀴즈!

① 이집트만큼 피라미드가 많은 나라는 어디일까요?
② 캐나다 안의 프랑스로 불리는 주는 어디일까요?

북아메리카

숨겨진 문명의 숲 남아메리카

남아메리카는 우리나라와 지구 반대편에 있어서 계절과 밤낮이 반대야.
전 세계 육지 면적의 5분의 1을 차지하는 남아메리카에는 세계에서 가장 큰
강인 아마존강이 열대 우림 지역을 흘러가고, 세계에서 가장 긴 안데스산맥이
남북으로 뻗어 있지. 세계에서 가장 높은 곳에 있는 앙헬 폭포와 가장 건조한
아타카마 사막도 있어. 적도가 대륙 북부를 통과하기 때문에 열대 기후와
건기와 우기가 뚜렷이 구분되는 사바나 기후가 넓게 나타나.
남아메리카는 유럽의 지배를 받았던 영향으로 원주민들의 종교가 바뀌었고
언어도 에스파냐어와 포르투갈어를 사용해. 유럽에서 전해진 축구는 이곳의
인기 스포츠가 되었지. 에스파냐와 포르투갈 등의 라틴 문화가 곳곳에
스며들어서 남아메리카를 '라틴 아메리카'라고 부르기도 해.
풍부한 자원과 다양한 생물 종의 터전인 남아메리카에 대해 알아보자.

우리나라의 대척 지점
지구에서 우리나라의 위치인 북위 38° 동경 127°와 대칭인 나라는 남위 38° 서경 53°에 위치한 우루과이야. 그래서 계절도 반대, 시간도 반대지.

방학의 묘미는 뭐니 뭐니 해도 늦잠을 잘 수 있다는 것이죠. 아웅~ 기지개 한 번 켜고 나가 봤더니 우리 집에서 한 요리한다는 윤재가 주방에서 열심히 재료를 다듬고 있었어요. 테두리는 바싹하게, 노른자는 뚜껑을 덮어 살짝 익히는 윤재의 계란 프라이 솜씨는 엄마는 물론 우리 가족 모두가 인정하는 수준이에요. 그런데 윤재가 새로운 요리에 도전한대요. 오늘은 윤재가 부리는 요리 솜씨나 감상하면서 늦은 아침을 먹어야겠어요. 윤재야, 오늘 요리는 뭐니?

윤재   자, 참치 오믈렛과 옥수수를 함께 넣은 감자 샐러드 대령이요. 어때?

회원   좋아 좋아.

고모   이왕 한 거 풀 서비스로 따끈한 코코아도 부탁합니다. 쉐프.

윤재   에스, 마담.

진   윤재 덕분에 모두 모였네. 감자 샐러드 맛있다. 포슬포슬하고 고소해.

고모   코코아도 따끈해. 그라시아스!

윤재   그라시아스? 그건 어느 나라 말이야?

고모   에스파냐어로 고맙다는 말이야. 에스파냐어는 브라질을 제외한 남아메리카 전역에서 사용하는 언어야. 감자랑 옥수수, 코코아까지 있으니까 오늘은 남아메리카 얘길 좀 해 볼까? 오늘날 전 세계인의 식탁을 풍성하게 하고 가난한 사람들을 굶주림에서 벗어나게 하는 감자, 옥수수, 고구마 등은 남아메리카에서 온 거야. 고추, 토마토, 콩, 카카오, 사탕수수, 고구마, 담배, 호박, 기니피그도 남아메리카에서 전해진 것들이지.

회원   기니피그?

고모   우리나라에선 애완용으로 기르지만 지금의 페루 지역에서는 잉카 시대부터 집에서 식용으로 기니피그를 길렀대. 현지에서는 꾸이라고 하지.

감자 샐러드도 내가 최고야.

우리는 남아메리카의 작물들.

남아메리카

남아메리카를 들여다보자

남아메리카 서쪽에는 안데스산맥이 뻗어 있고, 서쪽에서 동쪽의 대서양으로 아마존강이 흐른다. 중부와 남쪽으로는 평원이 펼쳐져 있다.

갈라파고스 제도에는 코끼리거북, 바다이구아나 등 희귀한 동식물이 많이 산다. 영국의 생물학자인 찰스 다윈 연구소가 이곳에 있다.

에콰도르는 에스파냐어로 '적도'라는 뜻의 이름을 가진 나라이다. 수도 키토가 실제로 적도 위에 있다. 페루는 고대 문명의 발상지이자 잉카 제국의 중심지로 해발 4850미터가 넘는 산봉우리가 170개 이상이나 된다. 볼리비아는 육지로만 둘러싸인 내륙 나라인데 티티카카 호수를 두고 페루와 접해 있다.

콜롬비아는 커피로 유명하고, 베네수엘라는 원유 발견 뒤 부자가 된 나라이다. 가이아나는 국토의 대부분이 산림으로 덮여 있다. 기아나는 프랑스의 해외 자치주로, 이곳의 쿠루는 유럽 우주국의 발사 기지다.

세계 최대의 열대 우림 지역이다. 브라질 전체 면적의 3분의 1을 차지한다.

브라질은 남아메리카의 거의 절반을 차지하는 나라다.

아르헨티나, 칠레, 우루과이는 아이스크림 모양으로 생겼다. 아르헨티나는 동쪽 대서양 해안에서 서쪽으로 갈수록 고도가 점점 높아지는 거대한 평원으로 이루어졌다. 칠레는 동서로 좁고 남북으로는 가장 긴 국토를 가졌고, 안데스산맥이 남북으로 국토 전체에 걸쳐 뻗어 있다. 우루과이는 온난한 온대 기후를 가진 나라다.

윤재   으악! 기니피그를 먹는다고?

고모   문화의 차이! 그건 인정해야 하는 거야.

진   남아메리카에서 에스파냐어를 쓰는 걸 보니 남아메리카도 다른 나라의 지배를 받았나 봐요.

고모   대부분 에스파냐의 지배를 받았고, 브라질만 포르투갈의 지배를 받았어. 그래서 언어도 브라질만 포르투갈어를 사용해.

진   왜 브라질만 포르투갈의 지배를 받은 거죠?

고모   그건 말야. 콜럼버스가 항해에 나설 때 지원을 한 나라가 에스파냐였고, 새로 발견한 땅을 승인해 주는 교황도 에스파냐 사람이라 에스파냐에 유리한 결정을 내렸거든. 이때 포르투갈이 강력하게 항의를 하면서 브라질만 포르투갈의 지배를 받게 되었어.
남아메리카에 유럽인들이 들어오면서 많은 것들이 사라지고 새로운 문화가 더해졌지. 에스파냐어나 포르투갈어를 쓰는 것도 그렇고, 가톨릭교를 믿게 된 것도 그렇지.
인종만 해도 원래는 황인종이었지만 유럽인, 아프리카인과의 혼혈로 다양한 인종이 생겨났어.

희원   그래서 우리 사회 선생님이 이곳을 다양한 인종의 전시장이라고 했구나.

윤재   가끔 지구촌 뉴스 같은 걸 보면 라틴 아메리카는 축제도 많고 신나는 곳 같아.

고모   라틴 아메리카에서는 신나게 몸 흔들 일이 많지. 브라질에는 리우 축제가 있고, 아르헨티나에는 탱고 춤이 있어. 또한 남아메리카는 지하자원이 풍부해서 앞으로의 발전이 기대되는 곳이기도 해. 브라질, 러시아, 인도, 중국 같은 나라의 경제 순위가 50년 후에는 지금의 미국, 프랑스, 독일 같은 나라들보다 앞설 거라고 전망하는 전문가도 늘고 있어. 이 가운데 땅이 넓어서 '남아메리카의 거인'이라고 불리는 브라질은 시간대가

인종을 나타내는 말
물라토: 흑인과 라틴족 유럽인 사이에서 태어난 혼혈인
메스티소: 원주민과 라틴족 유럽인 사이에서 태어난 혼혈인
삼보: 원주민과 흑인 사이에서 태어난 혼혈인
인디오: 원주민

남아메리카

브릭스
브라질(Brazil), 러시아(Russia), 인도(India), 중국(China)의 영문 첫 글자를 따서 만든 신조어야. 신흥 경제 4국을 일컫는 경제 용어지. 2003년 10월 세계 경제 전망 보고서에서 처음 등장했어. 2011년 남아프리카 공화국이 제5의 회원국으로 가입해 의미가 넓어졌어.

브라질 이름의 기원
초창기 포르투갈 상인이 브라질에서 가져간 동식물 중 빨간색 염료로 쓰이던 나무 이름이 브라질이었어. 포르투갈어 '브라시'는 '활활 타는 석탄'을 뜻하는데 나무의 붉은색을 말해.

3개나 돼. '나라'가 아닌 '대륙'에 살고 있다고 봐야겠지. 세계 커피의 3분의 1을 생산하는 세계 최고 커피 생산국이기도 해.

진   고모, 브라질 하면 아마존을 빼놓을 수 없잖아요, 그렇죠?

고모   당연하지. 아마존에는 약 8만 종의 식물과 1500여 종의 어류를 비롯해 지구 생물의 5분의 1에 해당하는 약 24만 종이 살고 있어. 이곳에서 지구 산소량의 4분의 1을 만들기 때문에 지구의 허파라고 불리지.

희원   그런데 아마존이 점점 파괴되고 있다던데?

고모   맞아. 아마존은 남북을 합한 우리나라 면적의 약 30배 정도인데, 그중 벌써 상당 부분이 파괴됐다고 해. 지금도 계속 나무들이 잘려 나가서 그 자리에 고속도로가 생기고 목장이 들어서고 있지. 목장의 소들이 주로 햄버거용 고기로 쓰여서 '아마존 숲이 햄버거가 된다'며 걱정하는 사람들도 있어.

희원   사회 시간에 브라질에 생태 도시가 있다고 배웠었는데……. 뭐였더라, 구리찌빠?

고모   아~ 쿠리치바. 브라질 남부의 쿠리치바 시는 도시 개발의 모범 사례야. 쿠리치바에서는 지하철을 만들 자원이 충분하지 않자, 버스 전용 도로를 만들어서 버스를 지하철처럼 빠른 교통수단으로 만들었어. 잘 정리된 자전거 도로와 보행자 전용 도로를 만들어 환경 오염을 최소화했고, 쓰레기나 재활용품을 가져오면 버스 승차권이나 채소로 바꿔 주기도 해. 오래된 건물도 부수고 새로 짓기보다는 잘 고쳐서 도서관이나 문화 센터로 바꿔 쓴대.

진   윤재야, 뭐니 뭐니 해도 브라질은 축구잖아?

윤재   당연하지. 브라질에서 축구를 빼놓으면 팥소 없는 찐빵, 짧은 머리 귀신이야.

고모   축구는 영국에서 시작된 운동인데 월드컵에서 다섯 번이나 우승한 나라는 브라질뿐이야.

모아이 석상

브라질만의 독특한 축구를 '삼바 축구'라고 하는데 브라질 국회에서는 국기 가운데에 있는 지구본을 축구공으로 바꾸자는 의견도 나왔었대. 물론 투표에서 통과되진 못했지만 말이야.

윤재   근데 고모, 남아메리카에는 땅 모양이 특이한 나라들이 많아. 칠레는 아주 길어.

고모   칠레는 국토의 길이가 4300킬로미터나 되는데 폭은 평균 175킬로미터에 불과한 길쭉한 모양을 하고 있지. 남북으로 길게 뻗은 땅이어서 사막부터 추운 한랭 기후까지 다양한 기후와 식생을 갖고 있어. 칠레 서쪽으로 3700킬로미터 떨어진 이스터섬도 칠레령이야. 원주민 말로는 라파누이라고 하는데 큰 섬이란 뜻이지. 이곳에는 해안을 중심으로 높이 1~30미터에 이르는 사람 얼굴 모양의 모아이 석상이 550여 개 있어. 그런데 누가 왜 이런 석상을 세우고, 석상을 세웠던 사람들이 어떻게 사라지게 된 건지는 짐작만 할 뿐 정확하게 밝혀지진 않았어.

진   고모, 아르헨티나도 모양이 재미있어요. 아이스크림콘처럼 생겼어요.

고모   그렇지? 땅이 재미있게 생겼어. 아르헨티나는 이미 19세기 말에 지하철이 건설될 만큼 잘사는 나라였어. 면적이 우리나라의 28배나 되는 아르헨티나에는 '팜파스'라는 초원이 끝없이 펼쳐져 있어. 팜파스에서 판초를 입은 가우초들이 말을 타고 소나 양을 돌보지. 여기서 생산한 밀과 옥수수, 양을 키워서 나오는 고기나 털은 아르헨티나의 중요한 수출품이야.

판초
사각형 천에 머리 부분만 구멍이 있고 접히거나 꿰맨 곳이 없는 판초는 아르헨티나의 넓은 초원을 달리는 가우초들의 옷이자 이불이며 상징이기도 해.

희원   아, 어릴 때 엄마가 털실로 짜 준 판초가 가우초들이 입던 옷이었구나. 나도 판초 걸치고 말 타고 끝없는 초원을 달리고 싶어.

진 윤재   우리도 같이 달리고 싶어!

고모   그만 달려가고 공부하자. 남아메리카의 독립을 이끈 혁명가 시몬 볼리바르의 이름을 딴 나라, 볼리비아에는 재미있게도 바다가 없는데 해군이 있대. 볼리비아는 1879년부터 1883년까지 구아노라는 비료 원료의 채취 문제로 칠레와 전쟁을 벌여서 태평양 쪽 출구가 되는 땅을 빼앗겼어. 하지만 언젠가 다시 바다로 나갈 날을 기약하며 해발 고도가 3800미터나 되는 티티카카 호수에 해군을 주둔시켜서 양성하고 있지.

윤재   그렇게 높은 곳에 해군이 있다니!

고모   남아메리카에는 아주 높은 곳에 만들어진 도시도 있는걸.

진   저 알아요. 공중 도시 마추픽추 아니에요?

고모   빙고! 맞았어. 마추픽추는 페루에 있는 고대 잉카 문명의 도시야. '태양의 아들'이란 뜻의

> **볼리바르**
> 에스파냐계 귀족의 아들로 베네수엘라에서 태어났어. 콜롬비아, 베네수엘라, 에콰도르를 에스파냐로부터 해방시켰지. 라틴 아메리카 사람들은 볼리바르를 좋아해서 많은 곳에 그의 이름을 붙였어.

이렇게 높은 곳에 도시가!

구아노
열대 섬이나 해안에 서식하는 새들의 분뇨를 말해. 천연 비료로 이용되어 화학 비료가 나오기 전에는 주요 수출품이었어.

잉카는 남아메리카의 문명 국가였지. 공중 도시라고 불리는 이유는 해발 2300미터나 되는 높은 곳에 있어서 산자락에서는 보이지 않고 산꼭대기에 올라가야만 도시 전체를 볼 수 있기 때문이야. 이렇게 높은 곳에 수백 톤에 가까운 돌들을 어떻게 나르고 짜 맞춰서 도시를 세웠는지 지금도 수수께끼래.

희원   우리나라의 한라산보다 더 높은 곳에 도시를 만들었다는 거지? 정말 놀라워.

윤재   아마존, 쿠리치바, 삼바 축제, 마추픽추, 티티카카 호수, 이스터섬, 기니피그까지 재미있는 말이 많아. 티티카카 호수는 마치 나에게 오라고 뛰뛰 빵빵하는 것 같아.

고모   그러니까 결론은, 고모는 곧 남아메리카로 여행을 가야 한다는 거지. 오늘은 여기까지! 고모가 여행 하다가 기니피그 요리가 나오면 꼭 사진 찍어서 보내 줄게.

높고 험한 안데스 산중에서 바퀴나 말도 없이 어떻게 돌을 옮겨 건축물을 만들고 조금의 빈틈도 없는 성벽을 쌓았을까요? 아무리 생각해도 신기해요.

고모는 이번 여행에서 나스카 라인을 꼭 보고 싶대요. 나스카 라인은 황량한 땅에 그려진 엄청난 크기의 그림들이래요. 아주 오랫동안 유지되고 있어서 어떤 사람들은 우주인이 와서 나스카 라인을 그렸을 거란 엉뚱한 생각도 한대요.

우리나라와 정반대에 위치해 있어서 더욱 궁금해지는 남아메리카. 내일은 도서관에 가서 숨은 그림 찾기를 하듯 그곳에 관한 이야기들을 더 찾아봐야겠어요.

나스카 라인
페루 나스카 부근 사막 표면에 그려진 수십 개의 거대한 그림들을 말해. 동물 형상과 도형 모양도 있어. 높고 건조한 곳에 그려져 있어서 오랜 시간 동안 지워지지 않았어. 아주 높은 곳에 있다 보니 비행기를 타야만 제대로 볼 수 있어.

지도를 그리며 놀자!

- 162쪽 지도를 보고 남아메리카의 나라와 유명한 도시, 산맥, 분지 등의 위치를 표시해 보세요.
- 남아메리카의 명소에 스티커를 붙여 보세요.
- 지도를 색칠하고 꾸며 완성해 주세요.
- 퀴즈도 풀어 보세요.

배가 다닐 수 있는 호수 중에서 가장 높은 곳에 있는 호수의 이름을 써 보세요.

세계 지도 속 남아메리카의 위치를 확인하세요

퀴즈!

① 남아메리카의 거인이라고 불리는 나라는 어디일까요?

② 우리나라와 대척 지점인 나라는 어디인가요?

남반구의 빛나는 보석 오세아니아

오세아니아는 오스트레일리아와 뉴질랜드, 멜라네시아·미크로네시아·
폴리네시아를 포함하는 남태평양의 1만 개 이상의 크고 작은 섬들을 말해.
'큰 바다'라는 뜻이 있어서 '대양주'라고도 불러.
오스트레일리아는 하나의 나라이자 대륙이야. 넓은 땅에 비해 인구는 적어.
자연이 아름답고 깨끗해서 관광객이 많이 찾아오고 영화 촬영지로도 많이
이용되지. 뉴질랜드는 오스트레일리아에서 약 1600킬로미터 떨어져 있는
데 크게 남섬과 북섬으로 나눠져 있어. 사회 복지가 잘돼 있어서 다른 나라의
부러움을 사는 곳이야. 오세아니아를 구성하는 수천 개의 섬들은 지구
온난화로 인한 해수면 상승으로 어려움을 겪고 있지.
수백만 년 전부터 다른 대륙과 떨어져 있어서 다른 곳에는 없는 신기한
동식물이 많은 오세아니아에 대해 알아보자.

오늘은 어쩐 일인지 윤재랑 진이가 방에서 꿈쩍도 하지 않고 있어요. 떠드는 소리도 안 나길래 살며시 방문을 열어 봤더니 인터넷으로 '세상에서 제일' 시리즈를 찾고 있더라고요. 세상에서 제일 웃긴, 세상에서 제일 무서운, 세상에서 제일 어려운, 세상에서 제일 희한한. 참 나, 아직도 그런 걸 보고 좋아하다니, 어리다 어려. 그런데 세상에서 가장 희한한 동물이 무엇인지는 궁금해요. 오스트레일리아에 있다는데 뭘까요? 이것도 고모랑 함께 알아봐야겠어요.

희원   고모, 세상에서 제일 희한한 동물이 캥거루나 코알라는 아니겠지?

고모   힌트! 지금 보니까 진이가 약간 그 동물하고 닮은 것 같은데?

진   과연 뭘까? 기대 반 걱정 반.

고모   답은 오리너구리야.

윤재   이름부터 이상해. 오리인데 또 뒤엔 너구리가 붙었어.

고모   오리너구리는 파충류처럼 알을 낳는데 파충류와 달리 털도 있고 젖샘도 있어. 생김새는 오리를 닮았지만 젖을 먹여서 새끼를 키우기 때문에 포유류야. 정말 희한한 동물이지? 오세아니아는 다른 대륙과 뚝 떨어진 섬이라 다른 곳에서 볼 수 없는 동식물이 많아. 특히 유대류라는 특이한 포유류가 살지. 유대류는 새끼를 낳은 다음 주머니 속에 넣어 기르는 동물들을 말해. 캥거루, 왈라비, 코알라, 웜뱃, 태즈메이니아주머니곰이 대표적이야.

윤재   고모, 나는 오스트리아와 오스트레일리아가 늘 헷갈려.

고모   오스트레일리아는 우리나라에선 호주라는 한자어로 더 알려져 있어. 오스트리아는 유럽에 있는 나라니까 헷갈리지 말아야 해. 오스트레일리아와 뉴질랜드를 포함하는 남태평양의 여러 섬을 오세아니아라고 해. 오늘은 오세아니아 얘길 해 볼까? 먼저

오리너구리

키위

뉴질랜드에서 키위는 세 가지 의미가 있어. 첫 번째는 뉴질랜드에만 있는 날지 못하는 새로 수컷이 울 때 '키위키위' 하고 울어. 두 번째는 과일로 원산지는 중국이지만 현재는 뉴질랜드에서 주로 재배하지. 마지막으로 키위는 뉴질랜드 사람들을 가리키는 말이기도 해.

세계 지도를 그려 볼까? **171**

오세아니아

오세아니아를 들여다보자

오세아니아는 오스트레일리아와 뉴질랜드를 합한 오스트랄라시아와 멜라네시아, 폴리네시아, 미크로네시아 이렇게 네 지역으로 나뉜다.

태평양의 수많은 섬들 가운데 경도 180도 동쪽을 폴리네시아, 서쪽을 멜라네시아, 북쪽을 미크로네시아라고 한다.

오스트레일리아 대륙은 땅이 매우 낮고 평평하다. 서쪽에는 대륙의 3분의 2를 차지하는 사막이 있다. 대륙의 5분의 1을 차지하는 대찬정 분지에서는 양을 많이 기른다. 태즈메이니아섬은 관광객이 많이 찾는 곳이다.

건조한 평원이지만 땅을 깊게 파면 물을 얻을 수 있는 땅.

호주 북동쪽 해안을 따라 길게 늘어선 세계 최대의 산호초 지대.

뉴질랜드는 북섬과 남섬, 그 사이를 가로지르는 쿡 해협으로 이루어져 있다. 북섬은 전체적으로 구릉이 많고 온천도 많다. 남섬은 서알프스산맥, 피오르 지형 등이 있어 산악 경관이 아름답다.

미크로네시아는 '작은 섬들'이란 뜻이다. 키리바시, 마셜, 나우루 등이 있다.

멜라네시아는 '검은 섬들'이란 뜻이다. 대체로 큰 섬들이 많고 오세아니아 흑인이라고 불리는 인종들이 살고 있다. 피지, 파푸아뉴기니, 솔로몬, 바누아투 등이 있다.

폴리네시아는 '많은 섬들'이라는 뜻으로 타히티섬으로 유명한 프랑스령 폴리네시아, 사모아, 통가, 투발루 등이 있다.

지명: 마셜 제도, 비키니섬, 하와이(미국령), 괌섬(미국령), 팔라우, 미크로네시아, 키리바시, 나우루, 인도네시아, 파푸아뉴기니, 뉴기니섬, 뉴브리튼섬, 솔로몬 제도, 솔로몬, 산타크루즈 제도, 폴리네시아, 투발루, 사모아, 바누아투, 멜라네시아, 누벨칼레도니섬(프랑스령), 피지, 통가, 타히티섬, 오스트레일리아, 대보초, 그레이트샌디 사막, 깁슨 사막, 그레이트빅토리아 사막, 대찬정 분지, 그레이트디바이딩산맥, 포트모르즈비, 뉴캐슬, 시드니, 캔버라, 멜버른, 인도양, 태즈메이니아섬, 태평양, 북섬, 쿡 해협, 웰링턴, 남섬, 뉴질랜드

뉴질랜드 이름의 기원
1642년 네덜란드 탐험가 아벌 타스만이 항해를 하다가 뉴질랜드를 발견했는데 자신이 살던 고향 제일란트와 비슷하다고 여겨서 '새로운 제일란트' 뜻으로 '뉴질랜드'란 이름을 붙였어.

아웃 백
호주 내륙의 사막을 비롯한 건조 지역과 인구가 많이 살지 않는 지역을 말해. 해변을 바라보며 오지를 등지고 산다는 뜻이라고 해.

오스트레일리아는 남회귀선이 지나가고 남극과 불과 2천 킬로미터 정도 떨어져 있는 나라야. 오스트레일리아라는 이름도 '남쪽에 있는 땅'이란 뜻이고, 국기에도 남십자성 별자리가 그려져 있어. 섬으로 치면 세계에서 가장 큰 섬이고, 6개 대륙 가운데서는 가장 작은 대륙이야. 오스트레일리아 대륙과 태즈메이니아섬으로 이루어져 있지.

윤재   가장 큰 섬이면 얼마나 커?

고모   알래스카를 뺀 미국 땅 크기와 거의 비슷해. 남북한을 합한 우리나라와 비교하면 35배나 되지. 하지만 인구는 2021년 현재 남한 인구의 절반 정도인 2천 5백만 정도로, 극지방을 빼면 가장 인구 밀도가 낮은 대륙이야.

희원   지도를 보니까 인도양과 태평양 사이에 큰 땅덩어리가 있는 것처럼 보여.

고모   땅이 넓어서 다양한 기후와 풍경을 가졌지만 3분의 2 정도는 사막이나 건조 지역이라서, 전체 인구의 60퍼센트가 날씨가 맑고 살기 좋은 뉴캐슬과 시드니, 울런공, 멜버른 같은 동남부 해안 도시에 살지.

진   시드니에 있는 오페라 하우스 사진을 봤는데, 정말 멋있었어요. 꼭 가 보고 싶어요.

윤재   나도. 조개 모양 건물이 참 멋지더라. 그런데 고모, 시드니가 호주의 수도야?

고모   호주의 상징이자 랜드마크인 오페라 하우스가 있어서 시드니가 수도라고 착각하는데 호주의 수도는 캔버라야. 1901년 호주가 영국 지배에서 벗어나 독립할 때 수도를 어디로 정할지 고민에 빠졌대. 시드니와 멜버른 두 도시가 치열한 공방을 벌였는데 결국 중간 지점에 위치한 캔버라가 새로운 수도로 결정됐어. 캔버라는 황무지나 다름없던 곳이었는데 미국 건축가의 설계에 의해 계획 도시가 되었지.

희원   고모, 내 친구 하나는 뉴질랜드로 이민 갔어.

고모   호주나 뉴질랜드로 이민이나 어학연수를 가는 경우가 많지. 아름답고 깨끗한 자연을

오세아니아

보기 위해 관광도 많이 가. 호주나 뉴질랜드에서는 생태 관광 산업이 발전해서 깨끗한 환경을 유지하려고 공장도 짓지 않는다고 해.

희원   넓은 태평양 한가운데 섬들이 이렇게 뚝뚝 떨어져 있는데 사람들이 언제부터 살았어?

고모   원래 원주민이 살았지만 16세기 이후에 마젤란과 제임스 쿡 같은 탐험가들이 다녀가면서부터 유럽인이 들어왔어. 이후 18세기에는 유럽의 식민지가 되었지. 그런데 처음 유럽에서 호주로 와서 발을 디딘 사람들은 죄수였대. 탐험가 제임스 쿡 선장이 영국 왕의

오페라 하우스는 호주의 상징이지!

명령으로 호주를 영국 땅이라고 선언한 후 영국에서 넘쳐 나는 죄수들을 이곳으로 보낸 거지. 1790년대 초부터는 자유로운 이민이 이뤄졌어. 1850년대엔 금이 발견되면서 금을 찾아 중국, 인도, 남태평양 등지에서도 많은 사람들이 호주로 들어왔어.

희원 고모, 마오리족은 어디에 살아?

윤재 눈은 크게, 혀는 길게 내밀고 춤추는 사람들?

고모 마오리족은 뉴질랜드의 원주민이야. 뉴질랜드에서는 마오리족과 함께 살며 그들의 전통과 문화를 계속 유지하기 위해 애쓰고 있지. 중요한 행사를 할 때 마오리족 인사로 시작하고, 럭비 경기를 시작하기 전에는 마오리족의 전통 춤 하카를 춰. 마오리 학생들에게 장학금을 주는 경우도 있고, 일정 시간은 의무적으로 마오리어 방송을 하기도 해. 지명 역시 대부분 마오리어로 되어 있어.

진 원주민과 이주민이 사이좋게 지내려고 노력하는구나.

고모 그런데 호주의 경우는 달랐어. 처음 호주 땅에 도착한 영국인들이 애보리진이라는 원주민들의 땅을 빼앗고 식민 지배하는 것을 당연하게 여겼지. 1992년 원주민 에디 마보라는 사람이 원주민의 전통적인 토지 소유권을 인정해 달라고 요청한 사건에 이기면서 최초로 원주민의 존재를 인정받게 되었지.

희원 호주에서는 투표 안 하면 벌금을 낸다면서?

고모 응. 호주는 1924년에 의무 투표제를 도입했어. 정당한 사유 없이 투표를 안 하면 약 5만 원의 벌금을 내야 해. 호주에서는 투표율을 높이기 위해 보통 토요일에 선거를 하고, 자신이 사는 주의 모든 투표소에서 투표가 가능해. 오지에 사는 사람들은 미리 투표하거나 이메일도 이용한대. 투표 얘기가 나왔으니 말인데 1893년 세계 최초로 여성에게 선거권을 준 나라가 바로 뉴질랜드야. 자연만 아름다운 게 아니라 여성을

오세아니아

세계 지도를 그려 볼까? 175

울루루

생각하는 마음까지 아름다운 나라라는 말씀. 다시 호주 이야기로 돌아와서, 호주를 소개할 때는 세계에서 가장 큰 바위 울루루를 빼놓을 수 없지. 둘레를 도는 데 2시간이나 걸린대. 원주민들은 울루루라고 부르고, 영어로는 에어즈록이라고 해. 오래전 바다였던 곳이 지각 변동으로 솟구쳐 산맥이 됐는데 시간이 지나면서 깎이고 깎여서 단단한 부분만 남은 것이 지금의 울루루래. 예로부터 원주민들이 신성시하던 곳이야.

윤재   울루루? 원주민들이 바위를 돌며 룰루랄라 춤췄을 것 같아.

고모   이제 태평양의 작은 섬들도 살펴볼까? 미크로네시아의 작은 섬들 중에서 키리바시는 날짜 변경선 바로 서쪽에 있어서 해가 가장 먼저 뜨는 나라지. 마리아나 제도 동쪽에는 세계에서 가장 깊은 마리아나 해구가 있는데 가장 깊은 챌린저 심연은 무려 11킬로미터가 넘는대. 에베레스트산이 들어가도 약 2.5킬로미터가 남을 정도로 깊지. 해가 비치지 않아서 캄캄하고 수압도 높은데, 그 안에 생명체가 있다고 해. 그런 걸 보면 바다는 참 신비로워. 340여 개의 섬이 모여 있는 섬나라 팔라우는 세상에서 가장 아름다운 바닷속 풍경을 가진 곳으로 꼽혀. 뉴칼레도니아섬은 프랑스의 준주인데, 세계에서 가장 큰 도마뱀붙이나 거대한 육상달팽이, 듀공 등 다양하고 독특한 야생 동식물이 많아서 중요 생물다양성 지역으로 여러 번 선정됐어.

희원   그런데 서서히 섬들이 잠기고 있다면서?

고모   이런 작은 섬나라들은 자연환경에 큰 영향을 받지. 지구 온난화 때문에 섬 전체가 잠긴 경우도 있어. 나우루 공화국은 오랫동안 새의 배설물이 쌓여서 만들어진 인광석을 채굴해서 30년 동안 잘살았는데 인광석이 그만 바닥난 거야. 1980년대만 해도 전 세계에서 가장 잘사는 나라 중 하나였지만, 이제는 비만과 당뇨병으로 인한 사망률 1위라는 불명예와 가난을 헤쳐 나가야 하는 어려움만 남고 말았어.

진　새똥 때문에 벼락부자가 됐다가 다시 알거지가 되었네요.

모두 오세아니아의 매력에 흠뻑 빠졌어요. 진이는 호주에 가서 한여름 모래 해변에서의 크리스마스를 경험하고 싶다고 하고, 윤재는 캥거루랑 권투 시합을 해 봤으면 좋겠대요. 캥거루 펀치가 얼마나 센지 모르고 하는 소리예요.

고모는 오세아니아 섬들이 지상 낙원이라고 했어요. 고운 빛깔의 산호초가 가득하고 훌라 춤으로 찾아온 사람들을 환영하는 하와이도 좋고, 세계에서 가장 큰 나비가 산다는 파푸아뉴기니도 가 보고 싶어요. 비키니섬이 있는 마셜 제도나 지구 온난화로 사라질 위기에 있다는 투발루도 가서 얼마나 심각한 상황인지 보고 싶어요. 우리가 살고 있는 곳에서 남쪽으로 내려가면 펼쳐질 드넓은 바다와 그곳에서 열심히 자신들의 삶을 살고 있을 사람들을 떠올려 보았어요. 언젠가 그 섬들 사이를 다니며 모두 만나 볼 수 있겠죠?

오세아니아

지도를 그리며 놀자!

- 172쪽 지도를 보고 오세아니아의 나라와 유명한 도시, 산맥 등의 위치를 표시해 보세요.
- 오세아니아의 명소에 스티커를 붙여 보세요.
- 지도를 색칠하고 꾸며 완성해 주세요.
- 퀴즈도 풀어 보세요.

섬들이 Y 자 모양으로 늘어선 나라의 이름을 써 보세요.

세계 지도 속 오세아니아의 위치를 확인하세요

퀴즈!
① 세계에서 해가 가장 먼저 뜨는 나라는 어디인가요?
② 오스트레일리아의 수도는 어디일까요?

오세아니아

세상에서 가장 뜨거운 얼음 극지방

지구의 양끝에 있는 남극과 북극은 두꺼운 얼음으로 덮여 있어. 남극 대륙에서 가장 두꺼운 빙하의 두께는 에베레스트산 높이의 절반이나 되는데, 이런 만년설과 빙하가 태양열의 80퍼센트 이상을 반사하기 때문에 지구의 기후가 적당하게 유지될 수 있어. 극지방은 여름이 짧고 밤낮없이 해가 떠 있으며, 겨울은 길고 종일 깜깜해. 매우 춥고 바람이 세차게 불어서 사람들이 활동하기 힘든 곳이지만 지구의 환경 변화를 연구하는 과학자들과 극지방에 관심이 있는 관광객들의 발길이 해마다 늘어나고 있지.

남극 대륙에는 구리, 니켈, 크롬 등 많은 광물 자원이 있어. 또한 석유를 얻으려고 여러 나라들이 노력하고 있는 곳이기도 하지. 북극은 북극점을 중심으로 북위 66.5°보다 북쪽인 지역을 말해. 북극 땅은 얼음으로 덮인 땅과 덮이지 않은 땅인 툰드라로 이루어져 있어. 강력한 쇄빙선이 얼음을 뚫어 배가 지나다닐 수 있는 길을 만들고, 석유를 운반하는 관이 알래스카와 시베리아에 건설되는 등 개발이 뜨겁게 진행되는 바람에 북극을 터전으로 살고 있는 동식물들의 생존은 점점 위협받고 있지.

아직까지는 지구에서 가장 깨끗한 환경을 간직하고 있는 극지방에 대해 알아보자.

지구에서 사람들이 가장 가기 힘들었던 땅은 어디일까요? 아마 남극과 북극이 아닐까요? 남극 내륙 고원 지대에 있는 러시아 보스토크 기지에서는 영하 89.6도가 관측되었대요. 영하 60도 이하가 되면 비닐과 플라스틱, 고무가 부스러지고 금속은 약해져 기계 제품도 쓸 수 없다고 해요. 생명이 살기 어려울 정도로 추운 곳이지만 개발 가능성과 환경 보호 운동 등으로 전 세계의 이목이 점점 집중되고 있다는 극지방에 대해 알고 싶어졌어요.
그런데 아까부터 윤재와 진이는 왜 말다툼을 하고 있는 거지?

> **쇄빙선**
> 수면 위에 있는 얼음을 깨고 뱃길을 만드는 데 사용하는 배야. 우리나라에는 2009년에 건조된 길이 110미터, 무게 7487톤의 중형급 쇄빙선이 있어. 앞머리가 두께 4센티미터 철판으로 되어 있어서 얼음과 심하게 부딪혀도 손상이 없어.

황제펭귄

윤재   고모, 진이랑 내기했는데 펭귄은 남극에만 살지? 북극에는 안 살지?

고모   둘 다 틀렸어. 북극에는 안 살지만 남극에만 사는 것도 아니야. 북극곰은 북극에만 살지만 펭귄은 남반구에 고루 흩어져 살고 있거든. 16~18종의 펭귄 가운데 7종이 남극에 살고, 나머지는 남아프리카, 호주와 뉴질랜드, 남아메리카 등에 살아.

진   펭귄이라고 하면 왠지 황제펭귄이 제일 먼저 떠올라요.

고모   고모도 마찬가지야. 펭귄 중에 제일 커서 황제펭귄이라고 부르지. 알을 2개씩 낳는 다른 펭귄과 달리 황제펭귄은 오직 1개의 알만 낳아. 그리고 암컷이 아닌 수컷이 알을 발등에 올려놓고 아랫배로 따뜻하게 품지. 알이 깨질까 봐 옆으로 눕지도 못하고 계속 선 자세로 있어. 추위로부터 알을 보호하기 위해 펭귄들이 둥글게 모여 서로의 몸을 붙이고 추위를 견뎌 내기도 해.

윤재   와, 아빠들의 새끼에 대한 사랑이 대단해. 그런데 펭귄은 두꺼운 털이 있는 것도 아닌데 어떻게 추위를 견디지?

고모   펭귄은 열의 손실이 덜하도록 부리와 발이 작게 생겼어. 숨 쉴 때는 따뜻한 공기가 콧속에서 재활용되고, 두꺼운 지방층 위에 촘촘히 겹쳐서 난 깃털도 추위를 막아 줘.

희원 고모, 남극은 남극 대륙이라고 하는데 북극은 왜 북극 대륙이라고 안 해?

고모 남극은 실제로 남반구에서 지구의 자전축이 땅과 만나는 점을 중심으로 하는 거대한 대륙이거든. 하지만 북극은 대륙이 아니라 북극해에 있는 북극점을 중심으로 그린란드 대부분과 캐나다, 알래스카, 러시아, 노르웨이 등의 북쪽 지역을 통틀어 일컫는 말이야. 고모가 러시아 공부할 때 종일 해가 지지 않는 것을 뭐라고 했었지? 맞히는 사람, 공부 끝나면 계란빵 2개 줄게.

윤재 에이, 뭐야. 너무 쉬워. 백야잖아.

고모 그럼 하루 종일 해가 져 있는 것을 뭐라고 할까?

진 그거야 백야를 반대로 한다면 흑야죠.

고모 빙고! 북극점과 남극점에서는 백야와 흑야가 6개월씩 번갈아 가면서 나타나. 백야는 북반구의 여름철에, 남반구에서는 겨울철에 나타나고, 흑야는 그 반대야. 맞혔으니까 고모 볼에 붙은 계란빵 2개를 공부 끝나고 줄게. 그럼 오로라에 대해서는 들어 봤어?

희원 알아. 밤하늘에 다양한 색깔로 나타나는 아름다운 빛이잖아.

고모 맞아! 지구는 자석의 성질을 갖고 있어서, 전기를 가진 태양풍의 알갱이들이 지구로 끌려 들어와 공기와 부딪히면서 빛을 내는 거지. 극지방에서 많이 볼 수 있고 적도로 갈수록 보기 힘들어지는데 인도나 쿠바에서 보았다는 기록도 있어.

윤재 고모, 환경에 관한 다큐멘터리를 보면 지구 온난화 때문에 점점 북극곰이 살기 힘들다고 하던데, 뭐가 지구 온난화를 만드는 거야?

고모 그건 말이야. 잠깐만, 내 짝꿍인 과학 선생님한테 휴대폰 문자로 물어볼게. 기다려 봐.

윤재 우리 고모 님도 모르시는 것이 있나요?

고모 당연하지. 내가 원래 머리가 좋은데 건망증이 심하거든.

오로라
오로라를 자주 볼 수 있는 곳을 오로라대라고 해. 오로라는 미국의 알래스카 중부, 시베리아 북부 연안, 캐나다의 중북부와 아이슬란드 남부, 스칸디나비아 북부 지역에서 겨울밤이면 자주 볼 수 있어. 북극에서 생기는 오로라를 북극광, 남극에서 생기는 오로라를 남극광이라고 불러.

진 그런데 남극은 어느 나라 땅이에요? 주인이 없어요?

고모 응. 없다고 볼 수 있지. 1908년 영국이 처음으로 남극의 일부를 자신들의 영토라고 주장했고 그 이후로도 많은 나라들이 영유권을 주장했지만, 과학자들은 전 세계가 공동으로 극지방과 지구에 대해 연구해야 한다는 데 의견을 모았어. 1958년에는 12개 나라가 남극 대륙에 40개가 넘는 기지를 건설해서 남극과 우주 공간에 대해 함께 연구했어. 이후 남극 조약을 만들어서 어떤 나라도 남극을 독차지할 수 없도록 서로 약속했지. 우리나라도 1986년에 남극 조약에 가입했고, 2005년까지 46개국이 남극 조약에 가입했어. 하지만 영유권이 명확하지 않은 남극에서는 불법으로 물고기나 동물들을 마구 포획하는 일이 자주 일어나곤 해.

> **남극 조약의 내용**
> 남극 조약에는 남극 대륙에서 평화적인 활동만을 허용하고 과학 연구를 자유롭게 할 수 있으며, 새로운 영유권을 주장하거나 핵실험과 방사능 폐기물 처분을 금하는 등의 내용이 들어 있어.

윤재 세종 과학 기지가 남극에 있는 게 맞지?

고모 세종 과학 기지는 남극 킹조지섬에 있는 우리나라 최초의 남극 과학 연구 기지야. 1988년 2월에 준공되었어. 남극의 환경과 자원, 여러 가지 현상들을 연구하고 지구 환경 보호를 위해 노력하고 있지. 하지만 세종 과학 기지는 남극에서 비교적 기온이 온화한 곳에 위치해 있기 때문에 여름에는 해안가 얼음이 다 녹아 연구에 한계가 있어. 그래서 2014년 로스해 테라노바만이라는 곳에 우리나라 두 번째 남극 기지인 장보고 과학 기지를 지었어. 이로써 우리나라는 세계에서 남극 대륙에 2개의 연구 기지를 가진 아홉 번째 나라가 되었지.

진 고모, 그럼 북극에도 우리나라 기지가 있어요?

고모 다산 과학 기지가 노르웨이 땅인 스발바르 군도의 니알슨 마을에 있어. 니알슨 마을에는 우리나라, 독일, 일본, 영국, 프랑스, 이탈리아 등 각 나라들의 북극 기지가 있고 노르웨이 회사가 이 기지들을 관리해.

북극의 다산 과학 기지

국제 북극 과학 위원회(IASC)
북극 지역에서 일어나는 모든 국가의 북극 연구를 도모하고 장려하기 위해 1990년에 설립된 비정부 기구야. 2020년 현재 8개의 회원국과 옵서버국으로 구성되어 있어.

지구가 점점 더워지고 있어.

희원   고모, 휴대폰이 움직였어.

고모   어, 바로 답장이 왔네. 역시 내 친구는 빠르다니까. 지구 온난화는 공기 중에 이산화 탄소가 많아져서 생기는 거래. 북극해와 남극해는 이산화 탄소가 많이 녹아드는 곳인데 바다의 온도가 높아져 이산화 탄소가 덜 녹으면 공기 중에 많이 남아 있게 되고 이로 인해 지구의 온도가 올라가는 거지. 지구가 더워져서 극지방의 얼음이 많이 녹으면 해수면이 높아져.

윤재   그래서 커다란 빙산들이 큰 소리를 내며 갈라졌구나. 다큐멘터리에서 봤어.

고모   최근 남극에서는 제주도의 두 배가 넘는 얼음이 떨어져 나간 적도 있대. 만약 남극의 얼음이 다 녹는다면 전 세계 해수면의 높이는 60미터가 상승할 거래. 지금과 같은 속도로 이산화 탄소의 양이 늘어나면 빠르면 100년, 늦어도 300년 안에는 남극 대륙의 얼음이 다 녹는다고 해. 지구가 더워지면 사막이 늘어나는 것도 문제야.

희원   사람들이 살 수 있는 많은 땅이 물속에 잠기거나 사막이 된다는 거지? 너무 걱정돼.

고모   남극에서는 오존의 농도가 급격히 감소해서 오존층에 구멍이 뚫린 것 같은 현상이 발견되기도 했어. 지상 20~30미터 상공의 오존층은 태양이 보내는 해로운 자외선을 막아 주는 역할을 해. 그런데 자동차나 냉장고에 있는 냉매제나 헤어스프레이나 소화기에 들어 있는 물질 때문에 오존층이 파괴되고 있지.

윤재   으아, 문제가 심각하군. 딴 얘기해야겠다. 에스키모가 북극에 사는 사람들 맞지?

고모   맞아. 우리가 흔히 말하는 에스키모는 '날고기를 먹는 사람들'이라는 뜻이야. 캐나다와 알래스카 북부, 그린란드에 사는 이들을 이누이트, 알래스카 서부와 러시아 극동에 사는 이들은 유피크라고 해. 그들은 약 5천 년 전부터 북극에서 고래나 물고기, 곰 등을 사냥하고 순록을 키우며 살았어.

진   아, 얼음집 이글루를 짓고 사는 사람들이잖아요. 왜 이글루는 둥글게 지어요?

고모   만약 이글루가 네모난 모양이면 바람을 많이 받을 거야. 둥글게 지어야 바람이 비껴가지. 찬 공기가 많이 들어오지 못하도록 문도 작게 만들어. 그런데 요즘에는 이런 원주민들의 모습을 점차 보기 힘들어지고 있어. 북극은 남극에 비해 다른 대륙과 가까워서 중금속 등 오염 물질이 바람이나 해류를 타고 와서 쌓이기 쉬운데, 오염 물질을 먹은 동물 고기를 먹은 사람들이 중금속 중독 현상을 보이는 바람에 다른 곳으로 이주하는 경우가 늘었어.

윤재   넓은 눈 위에서 썰매를 타면 신날 텐데 환경 오염 때문에 떠나야 한다니 정말 싫겠다.

이글루.

극지방

> **대륙붕**
> 육지나 큰 섬 주위를 둘러싸고 있는 바다로, 대부분 완만한 경사이고 깊이는 평균 200미터 정도야. 생물 성장을 돕는 적당한 햇빛과 바닷물의 온도 덕분에 다양한 바다 동식물과 식물성 플랑크톤 등이 살고 있지.

고모   그래 참 슬픈 일이지. 사람들이 떠나고는 있지만 북극해는 여전히 여러 자원이 풍부한 곳으로 유명해. 대구, 청어, 명태, 왕게 등 수산 자원이 풍부해서 전 세계 총 어획량의 35퍼센트 이상을 차지하고, 오대양 가운데 가장 넓은 대륙붕에는 석유나 석탄 등 천연자원이 매장되어 있어. 대륙과 가까운 곳이라 개발하기도 쉽지.

희원   하지만 개발이 좋지만은 않을 것 같아. 그만큼 오염이 되는 거잖아.

고모   지금처럼 지구 온난화로 북극의 빙하가 녹으면 사람과 물자가 이동할 수 있는 뱃길이 편리해지고 개발도 훨씬 수월해지긴 해. 북극의 바닷길은 얼음 때문에 매우 험해서 사고가 자주 발생했거든. 하지만 고모도 무분별한 개발은 막아야 한다고 생각해. 우리 사람도 생태계 속에서 살아가는 생명체니까.

윤재   고모, TV에서 북극해의 북극곰을 봤는데, 좁은 얼음 위에서 먹이를 구하지 못하고 있는 모습이 너무 불쌍해 보여서 내가 시장에서 고기를 사다 주고 싶었어.

고모   북극곰은 조개, 대구, 물범, 바다코끼리로 이어지는 북극의 먹이 사슬에서 최상위를 차지하는 동물이야. 북극곰은 키가 2~3미터이고 몸무게는 150~650킬로그램이나 돼. 평생을 바닷물이 얼어서 생긴 얼음 위에서 보내고 새끼를 낳기 위해 굴을 팔 때만 육지에 오르지. 최근 얼음이 줄어들면서 먹이를 쉽게 구할 수 없게 되자, 북극곰의 수가 빠르게 줄고 있어.

윤재   북극곰은 헤엄을 못 쳐? 얼음이 녹으면 수영을 해서 얼음이 있는 곳으로 가면 되잖아?

고모   물론 북극곰은 수영을 잘해. 이동할 때 수영을 하다가 얼음 위에서 잠시 쉬었다 가는 거야. 하지만 얼음이 너무 많이 녹으면 중간에 쉴 수가 없잖아. 그래서 바다에 빠져 죽는 북극곰이 늘었지. 이대로 가다가는 북극곰을 영상이나 사진으로만 볼 날이 올 수도 있어. 우리 모두의 노력으로 북극곰을 지켜 줘야 해.

배가 고파요.

극지방을 탐험한 사람들
로알 아문센: 남극점을 세계 최초로 탐험한 사람이야. 그가 개썰매를 이용하여 1911년 12월 남극점에 도착한 뒤 약 한 달 늦게 모터가 달린 마차를 사용한 영국의 로버트 팰컨 스콧이 남극점에 도착했지. 남극점과 가까운 곳에는 이들의 위대한 도전을 기리기 위해 세운 아문센-스콧 기지가 있어.
로버트 피어리: 1909년 북극점에 최초로 도착한 미국의 탐험가야.
허영호: 우리나라 최초로 1994년에 남극점을 정복하고, 1995년에 북극점을 정복했어.

윤재와 진이의 표정이 오늘은 심각했어요. 극지방을 배우면서 지구 전체가 위험에 빠질 수 있다는 것을 처음 알았으니까요. 몸이 뚱뚱해서 잘 때 둥글게 말지 못한다는 코끼리해표, 지구상에서 가장 거대하다는 대왕고래, 겨울이면 하얀색으로 변신한다는 북극여우, 긴 송곳니 2개를 가진 바다코끼리 등의 터전이 환경 오염 때문에 사라지지 않기를 바라요.

점점 올라가는 기온으로 뜨거워지는 남극과 북극. 하지만 많은 나라들이 극지방의 생태계를 연구하면서 지구 환경 보호를 알리고 있대요. 우리나라에서도 남극에 있는 세종 과학 기지, 장보고 과학 기지, 북극에 있는 다산 과학 기지까지 극지방을 지키기 위해 뜨겁게 노력하는 분들이 있어서 참 다행이에요. 남극아, 북극아, 우리가 잘 지켜 줄게. 그대로 남아 줘.

극지방, 좀 더 들여다볼까?

- 빙하 - 높은 곳에 쌓여 있던 눈과 얼음이 강처럼 천천히 흘러내리는 것.
- 빙붕 - 빙하를 타고 내려온 얼음들이 대륙과 이어지면서 바다에 떠 있는 지형. 북극은 여름이 되면 해안가의 얼음이 녹기 때문이 빙붕이 없다.
- 빙산 - 빙하나 빙붕에 있던 얼음들이 하안 연기를 피우며 떨어져 나간 것.
- 크레바스 - 빙하에 생긴 틈.
- 폭설풍(블리자드) - 대륙에서 해안 쪽으로 눈과 얼음이 깎여 날리면서 부는 바람.
- 드라이밸리 - 건조한 바람과 태양에너지가 눈을 증발시켜 눈과 얼음이 없는 땅. 남극 대륙의 2퍼센트를 차지하며 '남극의 사막'이라 불린다.

지도를 그리며 놀자!

- 188쪽 지도를 보고 극지방에 있는 여러 나라의 기지와 바다 이름을 써 보세요.
- 지도를 색칠하고 꾸며 완성해 주세요.
- 퀴즈도 풀어 보세요.

남극에 있는 우리나라 기지의 이름을 써 보세요.

세계 지도 속 극지방의 위치를 확인하세요

퀴즈!
① 펭귄은 남극에만 살까요? 아닐까요?
② 우리나라 두 번째 남극 기지 이름은 무엇일까요?

세계 지리와 친해지는 법

안녕, 쑨이 고모야. 어때, 내가 들려준 이야기가 재미있었니?
하이, 니하오, 곤니치와, 즈드랏스부이테, 봉주르, 올라!
이렇게 세계 여러 나라 말로 인사를 해 보니까 정말 세계 여행을 한 느낌이 드는데 너희들은 어때?
직접 가지는 못하고 책으로만 배워서 실감이 안 난다고? 그래, 그럴 수 있지. 하지만 이렇게 여러 나라에
대해 알고 나면 세계 여행을 가고 싶은 마음이 더 간절해지고 정말 가게 되는 날도 금방 올 거야.

애들아, 이 고모처럼 세계 지리를 잘하는 방법을 가르쳐 줄까? 먼저 뉴스에 여러 나라 소식이 나오면 부모님
옆에 찰싹 붙어서 초롱초롱한 눈으로 바라보기. 세계에 관심을 갖는 일이 중요해. 책을 읽다가 낯선 지명이
나오면 세계 지도를 꼭 찾아봐 줘. 학교에서 준 지리부도를 친한 친구로 만들어 시시때때로 펼쳐 보는 일도
추천할게. 이 책에 나와 있는 지도를 열심히 따라 그리며 나만의 세계 지도를 만드는 것도 잊지 마.

나는 어릴 때 친구들이랑 세계 지도를 펴 놓고 도시 이름을 찾거나 나라 이름 적는 빙고 게임하기를
좋아했어. 크림반도와 카리브해는 어느 곳에 있을까? 푸에르토리코와 짐바브웨는 어디에 있는 나라일까?
이런 궁금증을 스스로 해결하다 보니 지리가 점점 좋아지고 실제로 많은 나라를 여행하는 기회도
생기더라고.
세계 지도를 들고 세계를 누비는 꿈을 꿔 봐. 한 발 한 발 세상을 향해 도전해 보는 거야.
너의 세계, 너만의 세계 지도를 기대할게!

지구촌을 좀 더 들여다보자

부록

어느 나라를 여행하고 싶니?

세계의 박물관과 축제

a 대영 박물관 영국
고대 이집트, 그리스, 로마 등의 다양한 유물이 있고, 동양관에서는 한국의 유물들도 볼 수 있어.

b 바이킹 박물관 노르웨이
실제 바이킹들이 사용했던 배와 도구를 볼 수 있어.

c 루브르 박물관 프랑스
옛날 프랑스 왕들이 살았던 루브르 궁전이 박물관이 되었어. 세계 박물관 중에서 가장 많은 미술품을 소장하고 있어.

d 바티칸 박물관 이탈리아
바티칸 교황궁 내에 있는 박물관으로 전시품도 다양하고, 유명한 화가들의 화려한 벽화를 많이 볼 수 있어.

e 아시아 문명 박물관 싱가포르
인도, 중국, 동남아 및 이슬람 등 1300여 개의 문화유산을 볼 수 있는 곳이야.

f 베니스(베네치아) 국제 영화제 이탈리아
물의 도시 이탈리아 베니스에서 열리는 영화제야. 1932부터 시작돼 오랜 전통을 자랑해.

g 칸 영화제 프랑스
칸은 프랑스 동남쪽 지중해 기슭에 있는 관광 휴양 도시야. 이곳에서는 1946년 이래 국제 영화제가 열리고 있어.

h 베를린 영화제 독일
매해 독일의 베를린에서 열리는 국제 영화제야. 다른 영화제에 비해 진지한 주제를 많이 다루지.

i 모스크바 영화제 러시아
러시아의 모스크바에서 열리는 동유럽 최대의 국제 영화제야.

j 부산 국제 영화제 대한민국
1996년에 시작된 아시아 최고의 영화제로 부산 해운대에서 열려.

k 옥토버 축제 독일
독일의 뮌헨에서 열리는 세계적인 맥주 축제야. 200년이 넘는 전통을 자랑해.

l 튤립 축제 네덜란드
네덜란드는 염분이 많고 척박한 땅을 간척한 나라야. 그 위에 갖가지 꽃을 심어 가꾼 네덜란드를 대표하는 축제지.

m 잘츠부르크 음악 페스티벌 오스트리아
모차르트의 고향인 잘츠부르크에서 열리는 유럽을 대표하는 클래식 음악 축제야.

n 바르나 국제 인형극 축제 불가리아
흑해 연안에 위치한 불가리아의 바르나에서 3년에 한 번씩 열리는 인형극 축제야.

o 파트라 카니발 그리스
5000명이 넘는 어린이가 분장을 하고 축제에 참여하는 그리스 최대의 부활절 행사야.

p 네부타 마쯔리 일본
700년 이상의 역사를 가진 축제로 화려한 장식 수레와 거대한 인형 등을 볼 수 있어.

q 송크란 축제 타이
사람들이 서로 물을 뿌려 축복을 빌어 주는 축제야. 방생과 폭죽놀이 등도 구경할 수 있어.

r 홀리 축제 인도
인도에서 봄의 시작을 알리는 가장 화려한 축제야. 사람들이 서로에게 밝은색 가루를 뿌리는 행사가 있어.

s 쿠스코 태양제 페루
고대 잉카 제국의 수도 쿠스코에서 열리는 축제야. 축제 전야에는 도시의 불을 모두 끄고 떠오르는 해를 기다려.

t 리우 카니발 브라질
세계 3대 축제 중 하나야. 3월에 열리지만 준비는 1년 전부터 하지. 남녀노소 지위에 상관없이 모두가 열정적으로 즐기는 축제야.

u 로열 이스터 쇼 오스트레일리아
농수축산물의 품질 대회가 축제가 되었어. 시드니에서 매년 3월 말에 열려.

v 아부심벨 신전 축제 이집트
람세스 2세의 신전은 1년에 두 번 빛이 신전 내부를 비치도록 설계되어 있어. 빛이 신전을 비추는 날이 바로 축제일이야.

부록 스티커를 붙여요

부록

> 지구촌에는 이런 약속들이 있어

국제기구와 연합

지구 얘들아, 내 몸 곳곳이 많이 아플 때도 있어. 세계 여러 곳에서 나라와 나라, 사람과 사람들이 서로 다투기 때문이야. 민족과 종교가 다르다는 이유로, 또 서로 땅을 갖겠다고 싸워. 또 환경 오염처럼 한 나라의 힘만으로 해결하기 힘든 문제도 있어. 지구촌에 살고 있는 우리가 사이좋게 함께 잘 살아가려면 모두가 힘을 합쳐야 해. 서로 다른 민족, 문화, 환경을 가지고 있는 세계 여러 나라가 서로 돕고 힘을 모으기 위해 정해 놓은 약속들을 한번 살펴볼까?

a 유럽 연합 EU - European Union
유럽의 정치와 경제 통합을 실현하기 위해 만든 연합 기구야. 유로라는 화폐를 같이 사용해. 노르웨이, 스위스는 가입되어 있지 않고, 영국이 탈퇴해 2021년 현재 27개 국가가 회원국이야.

b 아랍 연맹 AL - Arab League
서남아시아와 북부 아프리카, 아프리카의 뿔인 소말리아, 지부티 지역의 평화와 안전, 아랍 국가들의 주권과 독립을 지키기 위해 만든 기구야.

c 북아메리카 자유 무역 협정
NAFTA - North American Free Trade Agreement
나프타라고 해. 미국, 캐나다, 멕시코 세 나라가 서로 관세를 철폐하는 등 무역 장벽을 없애고 자유 무역을 하자는 약속이야.

d 동남아시아 국가 연합
ASEAN - Association of South-East Asian Nations
아세안이라고 해. 동남아시아 지역의 경제 사회 분야에서의 협력을 목적으로 하고 있어.

e 아시아 태평양 경제 협력체
APEC - Asia Pacific Economic Cooperation
우리나라를 비롯한 동남아시아 여러 나라와 미국과 태평양을 중심으로 한 12개 국가들의 경제 협력과 무역 증진을 위해 만든 국제 협력 기구야. 에이펙이라고 해.

f 북대서양 조약 기구
NATO - North Atlantic Treaty Organization
제2차 세계 대전 뒤 소련의 유럽 침공 가능성에 대비해 미국과 서유럽 국가들이 맺은 북대서양 조약을 수행하는 기구야. 나토라고 불러.

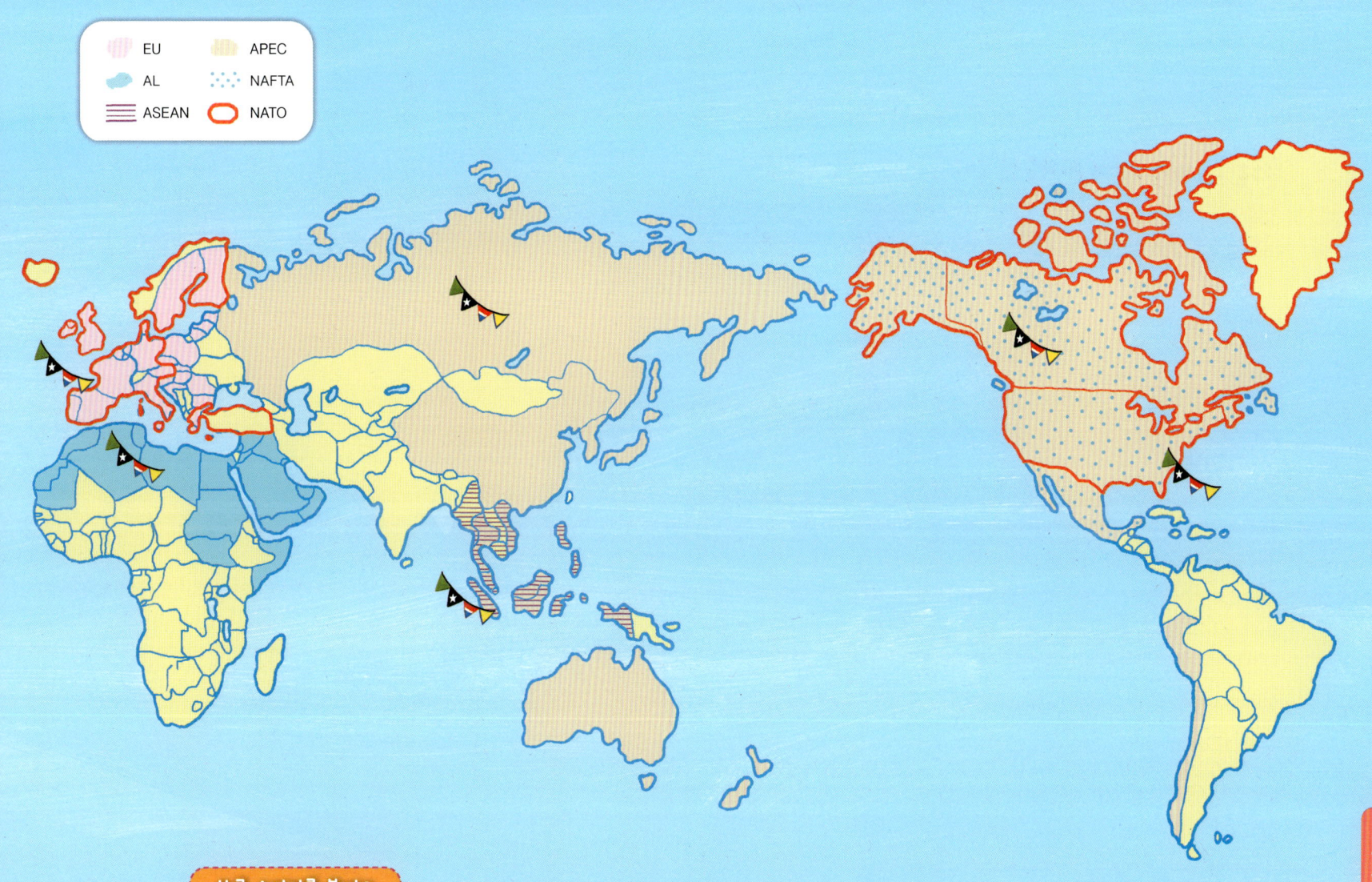

손으로 그려 봐야 세계 지리를 잘 알지

1판 1쇄 발행 | 2014년 6월 3일
1판 11쇄 발행 | 2025년 2월 21일

글 | 구혜경, 정은주
그림 | 김효진
펴낸이 | 이재일

책임 편집 | SONG
제작·마케팅 | 강지연, 강백산
디자인 | 이진숙, 전형석

펴낸곳 | 토토북
출판등록 | 2002년 5월 30일 제2002-000172호
주소 | 04034 서울시 마포구 잔다리로7길 19, 명보빌딩 3층
전화 | 02-332-6255
팩스 | 02-6919-2854
홈페이지 | www.totobook.com
전자우편 | totobooks@hanmail.net
인스타그램 | totobook_tam

ISBN 978-89-6496-149-0 73980

ⓒ 구혜경, 정은주, 김효진 2014

이 책은 저작권법에 의해 보호를 받는 저작물이므로 무단 전재 및 무단 복제를 금합니다.
잘못된 책은 구입하신 곳에서 바꾸어 드립니다.

제품명: 손으로 그려 봐야 세계 지리를 잘 알지 | 제조자명: 토토북 | 제조국명: 대한민국 | 전화: 02-332-6255
주소: 서울시 마포구 잔다리로7길 19, 명보빌딩 3층 | 제조일: 2025년 2월 21일 | 사용연령: 8세 이상

* KC 인증 유형: 공급자 적합성 확인
* KC마크는 이 제품이 공통안전기준에 적합하였음을 의미합니다.

⚠ 주의 책의 모서리에 다치지 않게 주의하세요.

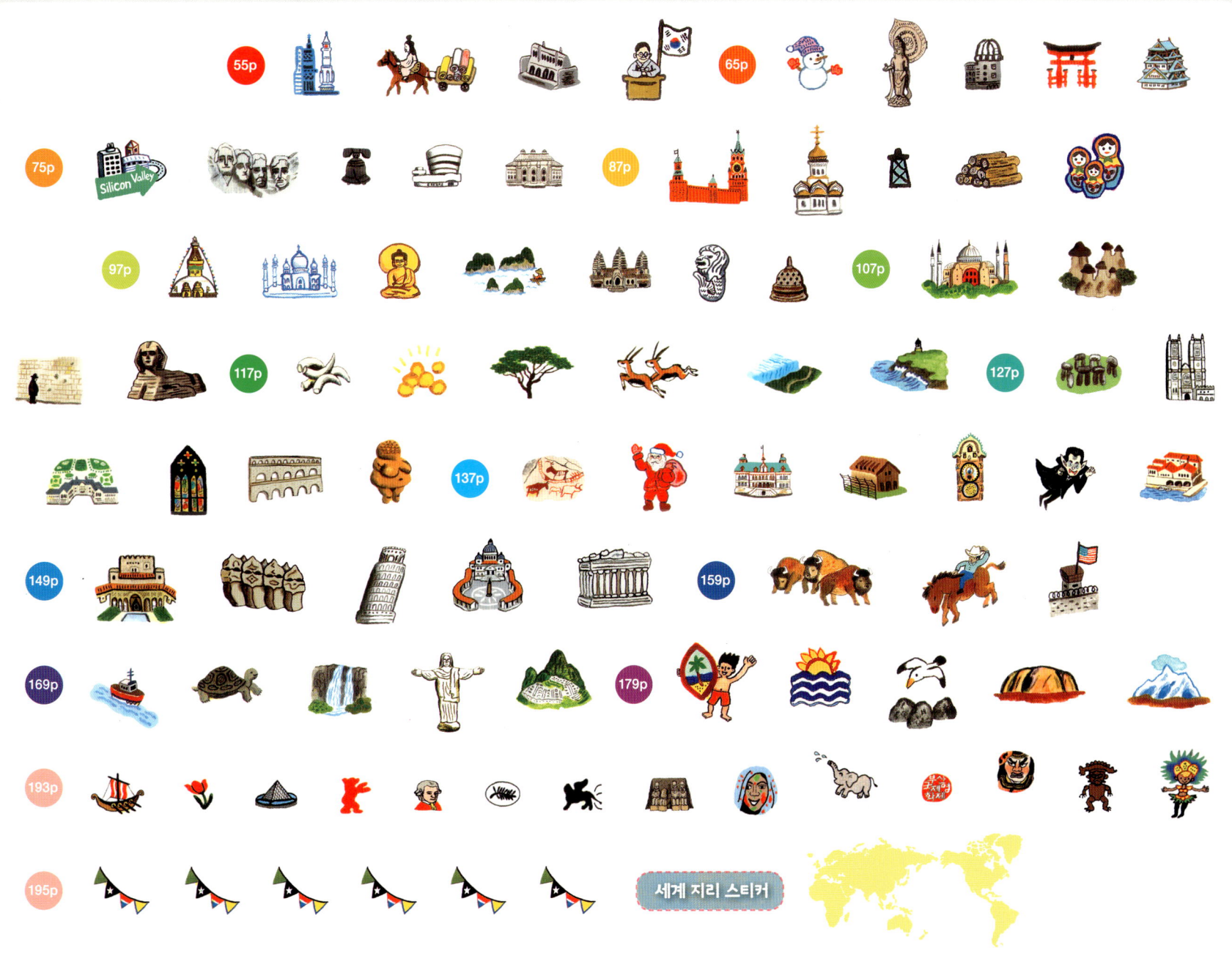